Bouses de Mammouth

©2021. EDICO

Édition : JDH Éditions
77600 Bussy-Saint-Georges, France
Imprimé par BoD – Books on Demand, Norderstedt, Allemagne

ISBN : 978-2-38127-111-8
Dépôt légal : février 2021

Le Code de la propriété intellectuelle n'autorisant, aux termes de l'article L.122-5.2° et 3°a, d'une part, que les « copies ou reproductions strictement réservées à l'usage privé du copiste et non destinées à une utilisation collective », et d'autre part, que les analyses et les courtes citations dans un but d'exemple et d'illustration, « toute représentation ou reproduction intégrale ou partielle faite sans le consentement de l'auteur ou ses ayants droit ou ayants cause est illicite » (art. L. 122-4).

Cette représentation ou reproduction, par quelque procédé que ce soit constituerait une contrefaçon sanctionnée par les articles L. 335-2 et suivants du Code de la propriété intellectuelle.

Thomas Andrieu – Franck Antunes – Erell Buhez – Laetitia Cavagni
Inola Dedieu – El Herrero – Laure Enza - Yoann Laurent-Rouault
Angélique Rolland – Nathalie Sambat

Bouses de Mammouth

Collectif d'auteur(e)s sur les problèmes et dysfonctionnements de l'Éducation nationale. Ce recueil réunit des auteur(e)s confirmés et publiés comme des témoignages de parents et d'enseignants.

JDH Éditions
Les Collectifs de JDH Éditions

Préface

Il y a l'armée, surnommée la grande muette, et il y a l'Éducation nationale surnommée le mammouth. Deux expressions. Deux idées parlées de ces deux organes d'État. Avec en particulier une des deux qui, comme la santé ou la finance, touche ou touchera tous les Français. À savoir l'éducation.

Et nous avons tous une expérience et une idée comme un vécu du sujet.

Tout comme la grande muette, l'Éducation nationale n'est pour le moins pas bavarde sur ses incompétences et ses mouvements intestinaux. Les ministres passent, les gouvernements volent bas, les personnels souffrent en silence, les élèves subissent. Pour y avoir travaillé, je sais que le mot d'ordre des rectorats est le suivant : pas de vagues.

Et il ne faut pas faire de vagues quand la violence, l'incompétence, la drogue, la maladie, l'incompréhension, la peur, le harcèlement, la démission, l'ignorance, le racisme et leurs joyeux camarades prennent siège aux premiers rangs de nos salles de classe.

Le mammouth, comme la grande muette, a son état-major, avec ses généraux de corps d'armée qui commandent aux généraux de divisions, puis de brigades et ainsi de suite, jusqu'au petit soldat qui n'est autre que votre enfant, en passant par les sous-officiers pour ceux des personnels qui ne sont pas agrégés. Tout comme l'armée, l'Éducation nationale a ses artilleurs, son génie, ses fantassins, sa cavalerie légère, ses régiments d'élite, ses commandos parachutistes et sa cantine. Comme son théâtre d'opérations.

Le mammouth, comme la santé, est un passage obligé pour le citoyen. Rares sont ceux d'entre nous qui, sur toute une vie, peuvent la proclamer de fer. Rares sont ceux qui n'ont pas connu cabinets médicaux et hôpitaux. Rares sont ceux qui n'ont pas connu les bancs d'école. Rares sont ceux qui ont aimé les années qu'ils ont passé à dos de mammouth. Qu'ils soient devenus chasseurs ou cueilleurs ou chômeurs. Qu'ils aient réussi à faire des étincelles avec leurs silex ou non.

Passage obligé, contre grèves, vents et marées donc, et encore plus aujourd'hui, car le gouvernement actuel assassine la République au nom de la pensée unique, tente d'interdire les éducations alternatives. Comme l'école à la maison. Au prétexte du séparatisme, qui gangrène, selon lui, notre République fanée. Vous allez me dire, une bande de gigolos pour une vieille dame fanée, jusque-là, c'est plutôt normal.

Ce collectif vous fera partager plusieurs points de vue. Celui de deux élèves de lycée, celui de parents d'élèves et celui de personnels du musée d'Histoire naturelle, en poste. Ou démissionnaire. J'ai aussi, en organisant ce collectif, été surpris par le nombre de parents qui voulaient témoigner sur la non-prise en charge des enfants « différends » et sur la phobie scolaire. J'ai aussi toute une pléiade de textes qui sont écrits par des enseignants, mais qui ne souhaitent pas les publier. Par peur. C'est l'argument principal. Il tient en ces mots : *j'y travaille. Je ne veux pas prendre le risque d'être reconnu, même sous pseudonyme.*

Tiens donc...

Le mammouth aurait-il de la défense ?

Il serait censeur, monsieur le proviseur ?

Je serais surpris d'apprendre cela.

On exercerait donc des pressions sur ses acteurs du quotidien ?

Comme dans la grande muette, alors...

Comme dans la presse…
Comme chez les éditeurs…
Comme un peu partout, me direz-vous…

En attendant, je vous souhaite une bonne lecture, puissent ces textes vous inspirer réflexions et empathie, puissent ces textes vous faire passer le cap de la nostalgie quand vous pensez école, puissent les billes, les couettes, les copains et la jupe courte de Valérie ou d'Isabelle en terminale, ou du sourire de Sébastien ou des beaux yeux de Stéphane, rester en dehors du sujet. Car le problème, quand on réfléchit sur le mammouth, c'est que notre nostalgie nous empêche bien souvent, ô vertu des vertes années, d'être objectif.

Bien à vous, Yoann Laurent-Rouault, directeur littéraire et artistique de la maison JDH, la nouvelle vague de l'édition.

L'éducation : bourreau de la créativité

Par Thomas Andrieu, *lycéen, auteur*

Thomas est le jeune prodige de la maison. 16 ans. Il est bien entendu lycéen, mais aussi auteur, chroniqueur, membre actif de médias financiers, ce garçon ne cesse de nous étonner. Vous le retrouverez avec le désormais célèbre 2021 : prémices de l'effondrement, *en économie et finance, puis dans la collection Uppercut avec un brûlot,* La liberté assassinée, *véritable cri du cœur générationnel. Ici, il nous livre un texte critique sur un élément fondamental du développement de l'humain : la créativité.*

L'éducation : bourreau de la créativité

Dans ce dédale de codes établis, dans ce couloir où se réunissent ces acteurs obsédés par le groupe, dans cette fosse de metteurs en scène désespérés, il y a, oui, un bourreau ! Ce bourreau n'a pas de visage, pas de tête, pas de corps non plus... Mais il a un nom : éducation ! Tous les jours, il fait tomber des têtes créatives, respectueuses et disciplinées. Il ne reste alors plus que des corps sans tête. Corps que le chômage, le décrochage ou les employeurs se chargeront de déblayer pour faire un peu de ménage dans ce bain de sang. Bain de sang où l'ambition laisse place à la compétition pour survivre. Pire encore ! Où l'audace laisse place au blâme !

Les têtes tombent : les unes après les autres... Je sais, l'image, cette image-là, n'est pas très agréable, mais c'est bien de têtes dont on parle ! Des têtes qui se retrouvent soudainement détachées de ce qui faisait leur singularité, leur originalité, leur raison d'être. Têtes qui se retrouvent dans un panier sans aucune singularité, aucune originalité, aucune raison d'être. À ce moment-là, la raison de devenir passe alors devant la raison d'être... Et les principes passent devant la raison elle-même... Face au moment venu, il y a ceux qui se soumettent au bourreau et qui sont condamnés à la pensée unique. Il y a aussi ceux qui refusent de l'accepter, tombant dans la violence et l'indiscipline. Et puis, il y a ceux comme moi, qui refusent d'être condamnés, préférant risquer dans le respect leur propre vie plutôt que la remettre entre les mains de celui qui la leur enlève.

Vous l'aurez compris, l'éducation m'inspire autant qu'elle m'aide à atteindre mes ambitions.

J'ai commencé ma scolarité primaire dans une école publique. Ensuite, à partir de la 6e, j'ai intégré une école privée assez demandée dans la périphérie toulousaine. Alors que j'étais en classe de 5ᵉ, je cherchais à savoir plus… L'éducation n'était pas assez mouvementée intellectuellement pour moi, alors j'ai cherché ailleurs. La régularité pesante des cours, le questionnement autour de ce qui pouvait être différent de ce qu'on m'enseignait, l'envie de vivre pour quelque chose et pas pour le scolaire, l'envie de m'affranchir des barrières que l'éducation a posées, m'ont poussé à aller plus loin…

C'est de cette manière que j'ai lu mon premier livre économique, et que ma passion pour l'économie puis la finance est née. En 4ᵉ, cela m'a permis de choisir sans aucun doute mon orientation : la finance. Au fur et à mesure que je passais les classes (5ᵉ, 4ᵉ, 3ᵉ, etc.), je comprenais de plus en plus simplement les cours, en grande partie expliqué par le fait que les cours étaient de plus en plus centrés sur ce qui m'intéressait vraiment. En 3ᵉ, je cherchais à tout savoir sur tout, regardant des documentaires sans plus finir, j'ai enfin trouvé la routine de l'apprentissage qui m'offrait une facilité avec les cours que je ne connaissais pas jusqu'ici.

La seconde a été une occasion exceptionnelle pour moi afin de me concentrer sur ma passion de l'économie et de la finance. Et puis, un évènement marquant de ma vie, aussi banal qu'il puisse paraître, apparut un dimanche d'automne 2018. À partir de là, tout est allé très vite. J'ai enchaîné l'étude des travaux économiques et financiers et le scolaire est passé au second plan, quand bien même je maintenais mes résultats. À l'été 2019, je me suis décidé à écrire un livre pour faire partager ce j'avais accumulé pendant plusieurs années et ce que je ne retrouvais dans aucune étude européenne. C'est ainsi que je suis probablement devenu le premier auteur économique et financier mineur de toute l'Histoire de l'Europe. Graduellement, j'ai dû apprendre à gérer, année après année, un emploi du temps divisé entre scolaire, professionnel et personnel. Le personnel est rapidement passé au troisième plan. Je ne m'épanouissais pas suffisamment

L'éducation : bourreau de la créativité

dans le scolaire. L'obligation de faire ceci ou cela, de ne pas faire ceci ou cela, ne me correspondait pas. La volonté d'acquérir une liberté pour décider de moi-même était trop forte, même si je devais me sacrifier. Ce n'est qu'avec le développement d'activités professionnelles ou assimilées que j'ai trouvé un équilibre et je me suis réellement senti, expression dédiée, « moi ». Encore une fois, la vraie éducation est réservée à ceux qui se soumettent face à leur propre destin : très peu sont ceux qui se soumettent face à leur destinée, quitte à sacrifier leur vie. La question, c'est de savoir à qui on confie sa vie future, autrement dit, faire le choix entre éducation personnelle et/ou scolaire.

Mais dans tout ce bourbier, s'il y a bien une chose qui me fascine, c'est l'attraction du groupe sur l'individu. Comment le groupe peut arriver à détruire l'individu quand bien même l'individu cherche à construire le groupe. Je crois que ces jeux de rôle sont peut-être même ce qui me fascine le plus dans l'éducation. Les uns trahissant les autres, les autres s'alliant avec les uns, les uns reproduisant la pensée et l'action des autres : quel théâtre hypocrite ! ... L'Homme m'a toujours fasciné, mais là, c'était la représentation parfaite ! ... Et pour garder le meilleur point de vue dans ce théâtre grandeur nature, la discrétion était une obligation pour moi. J'ai toujours maintenu un lien d'amitié avec les uns, de discrétion absolue avec les autres. C'est dans ce rôle que je me sentais le mieux inséré.

La réalité, c'est que je n'ai jamais voulu être remarqué par peur d'être acteur du groupe ni oublié par peur d'être spectateur du groupe. Toute la difficulté, cette maîtrise de l'art suprême pour l'élève que j'étais et que je suis, c'est de jouer discrétion, empathie et sympathie. J'ai toujours fait une différence marquée entre le personnel, le scolaire et, plus récemment, le professionnel. Simplement car chaque théâtre a son acteur, et je dois l'avouer, un bon acteur doit s'adapter au théâtre dans lequel il entre, sans cela, il se fera blâmer (ou bien aveugler) par le public. Si j'avais laissé le scolaire piétiner ma personnalité sans ce jeu de rôle, je ne serais sûrement pas dans la situation qui est la mienne aujourd'hui. Je parle bien de jeu de rôle, car si j'ai un constat à porter, c'est que chaque année qui passe me semble graduellement plus ennuyante...

Car oui, s'il y a autre chose que l'éducation m'a fait endurer, c'est l'ennui... Non, ce n'est pas l'ennui désintéressé communément ressenti dont je parle, c'est un ennui d'intérêt... Me savoir en cours alors que je pourrais être devant des graphiques boursiers ou des études économiques, me savoir en cours pour apprendre ce qui a déjà été compris, me savoir entouré de personnes qui ne partagent en rien ma passion... C'était et c'est un supplice ! ... Cet ennui, malgré l'intérêt que je portais et porte aux cours, j'ai appris à le connaître dans les salles de classe. Alors, ayant appris à connaître cet ennui, je vais en cours avec une certaine forme de distraction et de recul profond, ce qui m'a donné un goût très particulier de l'éducation que je ne lui soupçonnais pas encore. L'éducation est subitement devenue une annexe à un livre, de telle sorte que je puisse compléter l'annexe et le livre en même temps.

Mais ce que je déplore et déplorerai, c'est la partialité de l'éducation. Par essence, l'éducation est quasi publique en France, et les professeurs ne manquent pas de le rappeler. Ne serait-ce que par son organisation économique, l'éducation n'est pas politiquement neutre. Les professeurs n'ont même pas besoin de nous rappeler combien le culte de l'État est important, les livres suffisent, en particulier dans les sciences humaines ! ... L'éducation s'est enfoncée dans ce qu'elle n'aurait pas dû rester : une arme politique. Je peux vous assurer que l'éducation est très loin de la neutralité idéologique, et donc politique.

L'éducation : bourreau de la créativité

Pourquoi l'éducation condamne-t-elle des générations entières à la pensée politique unique (nous savons tous comment cela se termine en démocratie) ?

Pourquoi ai-je entendu parler de prise de conscience ?

Pourquoi ai-je entendu parler d'obligation faite à ma génération d'être écolo ?

Pourquoi ai-je entendu parler de partage, d'égalité, d'aide et d'entraide ?

Pourquoi ai-je toujours entendu parler de l'action de l'État de manière positive ?

Pourquoi, à l'opposé, n'ai-je jamais entendu parler de liberté ?

Pourquoi n'ai-je jamais entendu parler des inégalités de situation, sous réserve d'égalité de droit, de façon positive ? …

Pourquoi simplement l'éducation n'est pas idéologiquement neutre ? …

Pourquoi ?!

Suis-je obligé de suivre le mouvement ?

Suis-je obligé d'être en accord avec des connaissances qui méritent toutes d'être remises en question ?

Serais-je mal vu si j'exposais mes opinions comme le font les autres ?

La réponse ?

C'est oui !

Je ne reviendrai pas sur la partialité du système éducatif. En soi, cela ne me dérange pas, car logiquement, c'est un budget public qui alimente la majorité du processus éducatif. Ce qui me dérange, c'est l'influence de cette partialité sur les mœurs qui, de toute évidence, influera les gouvernants dans quelques décennies. Mais cette fois-ci, j'ai bien peur que la radicalité ne soit pas de retenue et que la partialité croissante de l'éducation s'accentue.

Par Thomas Andrieu

Partialité d'autant plus présente que le caractère collectif de l'éducation autoentretient (par la pression du groupe) sa partialité.

Mais ce qui me déplais le plus, pour ne pas écrire par-dessus tout, dans ce bourbier éducatif, c'est la logique de renier l'élève en tant que personne et d'en faire un animal de course pour certains (ou de cirque pour d'autres), prêt à écraser ses adversaires intellectuels pour certains (ou physiques pour d'autres) sur son passage. Si seulement l'éducation était plus personnalisée, elle offrirait la possibilité à chacun de s'épanouir dans le domaine envers lequel il est prêt à apprendre le plus. Bref, je parle là de l'élève seul face à lui-même. Qu'il soit intégré au groupe ou pas, là n'est pas le sujet ! … Je parle de l'élève seul face à lui-même dans ses repères intellectuels et dans la nécessité d'en avoir. Je crois que cette situation concerne la quasi-totalité des élèves. La quasi-totalité des élèves ramènent tous les matins avec eux leurs problèmes personnels (famille, psychologie…), et il est évident que les ignorer n'arrange rien pour apprendre les cours. C'est ainsi qu'une grande majorité se laisse aller dans le groupe par manque d'objectifs et d'objectivité face à eux-mêmes. Si le scolaire était intimement lié au personnel, la dynamique éducative serait bien différente, surtout en fin de primaire, au collège et en début de lycée. Cela éviterait également de détruire la créativité intellectuelle des élèves. Il n'est pas ici question de porter atteinte au développement de l'autonomie, bien au contraire. Un suivi personnel (et personnalisé) offrirait la possibilité d'accélérer l'accès à cette autonomie. Ce qui m'a le plus manqué donc dans l'éducation, c'est de corréler personnel et scolaire. C'est de fournir à l'élève une éducation complémentaire au personnel, en adéquation avec la situation, l'intérêt et l'ambition de chacun, tout en évitant de détruire le don de chacun.

L'éducation : bourreau de la créativité

Ce que l'éducation m'enlève donc, ou du moins ce qu'elle ne me donne pas, c'est la créativité ! ... Il ne fait aucun doute que l'éducation, malheureusement, est collective. Tout le monde apprend les mêmes choses, au même moment, au même endroit, pour des objectifs différents, pour un parcours personnel différent, reniant ainsi toute logique destinée à diversifier la pensée et le raisonnement. L'éducation ferme des portes en formatant l'élève à des « spécialités » qui demandent un raisonnement unique, un apprentissage borné à ce qu'il veut bien donner, des compétences qui ne sont pas toujours en adéquation avec ce qui servira réellement pour produire dans un avenir professionnel. La capacité du système éducatif à fournir le minimum de connaissances qui serviront au maximum pour produire, la capacité du système éducatif à répondre rapidement et efficacement à une demande de compétences en prenant en compte la personnalité de chacun, détermine la qualité de cette même éducation. Une éducation qui s'obstine à apprendre pour apprendre en reniant toute logique personnelle est vouée à une sous-efficience évidente, pour elle-même, pour ceux qui la font et pour ceux qui la subissent. Bref, l'éducation subit la société qu'elle forge.

J'ai toujours considéré l'éducation comme un moyen d'acquérir des compétences pour ensuite s'en servir professionnellement. L'éducation est donc à mon sens réservée avant tout, à un certain niveau, à ceux qui n'ont pas la capacité d'apprendre par eux-mêmes et de chercher par eux-mêmes. Le problème du schéma actuel, c'est que les élèves sont condamnés à perdre leur créativité intellectuelle propre. J'ai et j'aurai toujours besoin de l'éducation, mais jamais elle ne pourra répondre à ma demande intellectuelle qui passe par ma créativité personnelle en la matière. C'est pour cette raison que je fais une différence accrue entre éducation scolaire et éducation personnelle. Et ainsi, faire la différence entre éducation scolaire uniformisant l'enseignement en détruisant la créativité et éducation personnelle diversifiant l'enseignement en développant la créativité. Cet équilibre-là, que l'éducation ne m'a pas appris, est la clé de mon développement scolaire et professionnel.

Enfin, je considère que l'éducation est un ascenseur social pour celui qui ne sait pas faire un ascenseur de ses propres mains. Autrement dit, l'éducation ne transmettra jamais des connaissances et des compétences à valeur ajoutée extrême. Ce n'est pas pour rien que près d'un milliardaire sur 3 n'a même pas le baccalauréat ou assimilé[1]. Et seuls 22 % des milliardaires ont un master, et 10 % ont un doctorat. Chaque année est précieuse dans le processus éducatif. Apprendre pour apprendre, c'est bien pour éliminer des concurrents quand les places sont chères, mais apprendre pour s'en servir le plus tôt possible, c'est mieux. Et si l'éducation ne donne pas accès aux connaissances intellectuelles recherchées, ce qui est en partie mon cas, alors l'étude personnelle (et personnalisée) devient la seule issue. L'éducation est malheureusement bornée à ce qu'elle transmet. Et de toute évidence, l'innovation intellectuelle, la transmission d'une connaissance nouvelle à très haute valeur, seule source des plus grandes fortunes, n'est pas dans l'ADN de l'éducation. Il y a ceux qui exploitent la valeur transmise et ceux qui créent la valeur qui sera transmise.

Les réformes s'enchaînent donc et, ayant servi et servant de cobaye pour la deuxième fois, après la réforme des collèges à la rentrée 2016/2017, puis celle du baccalauréat pour 2020/2021, je ne peux que constater l'état délabré du système éducatif. À chaque réforme, le système éducatif tente légitimement d'optimiser les coûts et maximiser les résultats. Mais cela n'est que le reflet d'un système éducatif où chaque euro dépensé chaque année devient par nature moins efficace. Cela traduit simplement le fait que la qualité de l'éducation en France est loin d'être dans

---

[1] Étude de Wealth-X, *Billionaire Census*.

les meilleures. Mais par-dessus tout, cela est le reflet d'une adaptation aux générations qui s'animalisent sans aucune limite. Le niveau de chaque génération semble tomber en flèche, tendance généralement mondiale, mais plus prononcée en France[2]. Cela s'explique en grande partie par la culture qui s'est développée autour du numérique, culture que, personnellement, j'ai lâchée depuis de nombreuses années, pour ne pas écrire que je ne l'ai jamais partagée. Graduellement, l'éducation se rapproche ainsi d'une espèce de garderie qui « étudie » juste pour finir l'année scolaire et arriver aux prochaines vacances. On ne pourra donc que tristement comprendre le fait que les inégalités intellectuelles s'accentuent et que, de toute évidence, et c'est mon ressenti d'élève, il suffit de se donner peu de moyens pour venir à terme de ses ambitions. Pour ceux qui ne sont pas dans mon cas, j'ai bien peur que nous assistions à une explosion des inégalités, non pas de droit, mais de situation économique, politique et sociale. Et là encore, on forge doucement le fanatisme politique de demain entre majorité inculte et minorité éveillée. Pour créer une éducation publique et ouverte à tous, la République n'en a pas moins créé une éducation sous-efficiente dans un contexte lui-même sous-efficient, malgré l'enchaînement des réformes. Il suffit d'être en cours pour le comprendre.

L'éducation, en plus de restreindre les libertés par les obligations qu'elle instaure, est bien le bourreau de la créativité ! ... Et pas seulement ! ... Alors que le groupe s'impose, que l'ennui perdure, que l'éternelle partialité de l'éducation s'intensifie et que l'éducation reste bornée à l'uniformité, il y a bien, oui, des victimes du système éducatif. Ceux qui s'y soumettent en acceptant de renier leurs talents personnels au profit de leurs talents scolaires, ceux qui ne la comprennent pas et qui préfèrent la violence et l'indiscipline pour exprimer leur incompréhension

---

[2] Études PISA.

et leurs problèmes personnels oubliés, et enfin ceux, comme moi, qui n'obtiennent pas ce qu'ils peuvent légitimement attendre de l'éducation scolaire. Dans ce dernier cas, il est plus que jamais question de maintenir une créativité intellectuelle pour se donner les moyens de son ambition. Je remercie donc l'éducation pour m'avoir ouvert les yeux sur sa réelle utilité, et je ne peux que déplorer la situation pour ceux qui ne l'ont pas encore fait.

Alors oui ! ... Je le dis ! ... Et le redirai s'il le faut ! ... L'éducation est le bourreau de la créativité ! ...

L'École ouverte

Par Franck Antunes, *écrivain*

Franck Antunes est l'un des piliers littéraires de notre maison. Auteur de plusieurs romans et collectifs, en dehors de la collection Magnitudes et des collectifs JDH donc, vous le retrouverez très prochainement dans la collection Uppercut, comme signataire d'un pamphlet avec un titre que Denis Diderot lui-même n'aurait pas renié. Ce texte, nostalgique et vrai, aborde un autre aspect de notre sujet.

L'École ouverte

Mon école était un vaisseau spatial posé dans un champ de blé.

Plutôt une escadrille, il y en avait de partout. Des constructions bigarrées, octogonales, qui semblaient temporairement clouées au parterre d'un spatioport. La base intersidérale était un patchwork de pelouses découpant des champs agricoles à la façon de vitraux dont les fils de plomb seraient remplacés par le goudron incongru des allées aux tracés arrondis, jamais droites, bien sûr, ce serait bien trop simple.

Les engins immobiles nous attendaient fébrilement chaque matin dans les volutes d'évaporation de rosée et happaient les astronautes enfantins que nous étions.

Le décor orné d'un soleil bas, gros et doux, tout de peluche nuageuse faisait paraître nos classes futuristes comme des invitations à se poser sur l'astre.

Je me souviens parfaitement de ces décollages matinaux, nous embarquions dans notre monde encore gênés de picole. Oui, le nôtre, puisque les adultes (une race interstellaire à n'en pas douter) se mettaient au diapason des petits terriens à la tête pas encore faite pour les former au plus grand des voyages, celui qui dépasse l'espace : le temps.

Celui de devenir qui nous sommes.

Dans ces années 70, nous vivions notre science-fiction chaque jour, persuadés que les écrits de Christian Grenier, Jacky Soulier ou William Camus annonçaient les découvertes à venir. Des planètes de fleurs, des extraterrestres comme des Amérindiens et des lasers féériques.

Vous ne connaissez plus ces auteurs ? Ils colonisaient pourtant nos bibliothèques tout autant que nos tables de chevet. Ils étaient surtout nos rencontres.

Par Franck Antunes

Dans cet institut du futur, nous les croisions dans nos classes quand ils venaient nous expliquer tout ce qu'ils ne savaient pas, mais espéraient tellement.

Et ils nous tendaient des livres, avec leurs mots et leurs envies qui débordaient en nappes gracieuses, colorées et irrésistibles ; prenant le relais temporaire des Maîtres d'école post-soixante-huitard (tout récent et) assumés. Pas des caricatures en patchoulis, mais des pratiquants d'un autre monde qui commençait par un autre enseignement.

C'était ça, l'École Ouverte, et c'était son nom.

Le Grand Maître était Pierre.

Il était au milieu de nous, pas sur un piédestal, puisqu'il les avait dans des Clarks en cuir souple à poil ras. Un enfant devenu instituteur et qui avait connu en pire ce qu'on ne veut pas pour des chérubins.

Il en était sorti gentil, allez savoir comment, surtout épris de liberté, tellement qu'il en voulait pour tous.

« Personne ne gagne quand tous n'ont pas gagné », disait sa grosse moustache.

Alors, il enseignait le français-liberté, les maths-liberté, l'histoire/géo-liberté, le dessin-liberté, liberté, liberté, liberté…

Il voulait que nous devenions… qui nous voulions.

Pourquoi je vous parle de lui ?

Il vient de me contacter… 45 ans après.

À la suite de mon premier roman, de mes chroniques sur le web, et bien aidé par ma signature sans pseudo.

Mon Messenger s'est ouvert sur un bout de texte pudique.

« Au vu de tes lectures et de tes écrits, je trouve que je t'ai bien appris à l'école… »

L'École ouverte

Le reste n'est qu'à moi, bien sûr.

Et là, je dois le rencontrer.
Alors, je me rappelle. J'enjolive peut-être, puisque je convoque le gamin qui s'assoupissait en moi.
« Hey, le gone, viens là, raconte-moi, redonne tes yeux, prête-moi un bout de ton cerveau en ébullition crachotant de l'acide naïf. »

Je sais que cet enseignement tâtonnait aussi, qu'il effrayait parfois des parents bien intentionnés. Ce ne pouvait pas être parfait, puisque ces hurluberlus nous apprenaient le monde, la vie, les hommes, la société, quoi de plus imparfait que ces choses-là. Et à vouloir la changer, aussi, avec le souci de faire devenir.
C'est après que j'ai su que nous n'étions pas assez nombreux. Que nous avons été trahis par nous-mêmes.
Qu'il n'y avait pas beaucoup d'escadrilles comme la nôtre à survoler les contingences.
Que les autres écoles avaient des clôtures, des murs, des œillères, des barricades.
Mon école était ouverte aux idées, aux cultures, aux expériences, et pour ça, il ne faut pas de barrières. C'est évident.
Et le plus important, pour bien comprendre, il faut surtout tout mélanger, puisque l'interaction est permanente : Madagascar avec les maths (pour calculer le volume de précipitations), l'histoire avec des chevaux (et son interaction avec les humains pendant que nous faisions des balades sur leurs dos), les dinosaures avec la nature pleine de falaises truffées de fossiles, la poésie avec le dessin pour les illustrer.

C'était fou de vouloir tout mettre en couleur dans cette époque en noir et blanc, comme le montrent les photos familiales ou les émissions de Maritie et Gilbert Carpentier.

Par Franck Antunes

C'était encore plus fou de vouloir faire jaillir les pastels de cent sources en formidables artifices dans cette période strictement bipolaire. Soviétie et US (autant choisir entre Charybde et Scylla), Beatles ou Rolling Stones (même les durs qui se disaient « pierres qui roulent » vénéraient discrètement les « scarabées »), Cloclo ou Johnny (ni l'un ni l'autre étant interdit), Stone et Charden (quelle avventura…), Saint-Étienne (que nous aimions tous secrètement) ou l'OL des moustaches de Domenech, Giscard le coincé ou l'espoir Mitterrand, même Robin des Bois demandait la bourse ou la vie. Et nous, nous étions narquoisement au-dessus de tout, survolant la terre par la magie de notre propulseur… la création.

Oh, il y avait bien quelques voyous qui voulaient corrompre cet éden. Des brutaux à qui d'autres disaient qu'ils ne réussiraient jamais rien. Des vicieux qui aimaient se battre comme des défis à l'ordre pour explorer leurs propres limites. Qui rôdaient à la récré pour quelques causes sanguinaires. Des casse-cous (ouilles) qui grimpaient sur des trucs trop hauts ou piquaient des colères trop bruyantes. Ils étaient bien là, ceux qui gâchent tout, puisque malgré leur rareté, tout est organisé autour d'eux, punissant ainsi tous. Cette infime minorité d'emmerdeurs qui rend suspicieuse la vision qu'ont les adultes de toute une jeunesse.

C'était moi.

Alors, on me demandait pourquoi ce dessin avec ce chauffard qui flinguait les pompistes… Je répondais que j'aimais bien les voitures à six roues. Et on m'expliquait, décortiquait mes pulsions, canalisait jusqu'à la bibliothèque mes envies de différences, me faisait nettoyer mes tags rigolos « ~~Merde alors~~ ! » en expurgeant qui je voulais emmerder : les grands qui « piquaient » les ballons, les adultes qui ne connaissaient rien, les horizons qui s'arrêtaient à la Nationale 7... tout, quoi. Et pour me récompenser, on m'enfila un judogi qui sanctionnait chacun de mes débordements par un « Ippon ! » formateur.

Ainsi, j'étais paré pour la 6°... qui fut difficile par l'impact féroce de la discipline, mais magnifique au vu de l'avance que j'avais sur l'ouverture à la compréhension.
Puis, la vie s'est chargée de tenter de me remettre dans le « droit » chemin de tout le monde.
L'armure du Collège, le blindage du Lycée, la camisole de tous les jours. Je suis sorti du système scolaire avec un métier et des doutes sur ma personnalité.
Ça a débordé par secousses pendant des années, entre ce que je pouvais être et ce que les autres m'avaient appris à devenir.

Je vous dis tout ça, mais je suis fébrile.
Je l'attends.
Avec ma petite famille masquée, puisqu'en plein déconfinement.
Nous sommes à Lyon, non loin de la place Bellecour, entre les fleuves qui vont comme les vies qui passent.
Je ne vais pas tarder à le rencontrer, mon Pierrot descendant de sa lune.

Il m'a confié qu'il ne se souvient pas trop de ses collègues, mais très bien de tous ses élèves, et qu'il avait un surnom pour tous.
Le mien était « tendre bougeon ».
Je n'ai jamais vu une définition aussi juste de moi.

Je ne lui ai pas encore dit merci.

Par Franck Antunes

On ne dit jamais ces mots à cet âge, puisqu'on ne sait pas ce qui vient après, et on les oublie plus tard, parce qu'on aurait pu faire mieux.
Merci…

Si j'ai réussi à devenir un peu moi-même, c'est sûrement en rencontrant des Pierre qui ne m'ont jamais dit qui je devais être.

Marcel s'envole

Par Erell Buhez, *enseignante*

Voici le texte d'une enseignante en poste, qui souhaite garder son anonymat. Bouleversant, émouvant et poétique, au-delà de toute polémique.

Marcel s'envole

Au milieu des étoiles, dans le coin à gauche, on aperçoit un tout petit point bleu. Il grossit.

Il devient une boule bleue et verte, marron aussi, une boule de vie.

Il s'appelle Maël.

La petite tache blanche qui bouge a des ailes. C'est une colombe, on la prénomme Marcel.

Installée là, elle s'ennuie, toute seule, posée sur une feuille de tilleul.

Marcel observe Maël qui s'ennuie aussi.

Il joue avec une branche, tombée quelques heures plus tôt, dans la nuit.

La directrice vient le voir et lui demande de jeter la branche à la poubelle.

Dans son monde plutôt gris, Maël obéit, il voudrait jouer en couleurs, comme dans son livre, celui qu'il cache sous son lit. Ce matin, il est plat comme une crêpe, il dit qu'il n'a plus d'essence, il n'a pas envie de rentrer en classe.

Marcel le regarde partir, il va se ranger avec les autres, derrière, tout seul, pas trop loin du groupe, mais pas trop près non plus.

Que va-t-il lui arriver ce matin qui va le faire chagrin ?

Sa maman lui a dit au revoir, c'est vendredi, il ne la reverra pas tout le long de la semaine prochaine.

Ça le rend triste, ça, chaque vendredi, mais il pense à son papa qu'il va enfin retrouver.

Par Erell Buhez

Marcel a un peu froid, elle se rapproche de la fenêtre et se pose sur la lame du volet en bois qu'il faudrait repeindre. De là, elle regarde les élèves sortir leurs affaires.

Sophie les a préparées, elle râle. Paul se mouche et Hervé semble rêver à sa prochaine bêtise. Le maître demande le silence qui arrive, c'est calme maintenant, on va pouvoir commencer l'autodictée.

Maël n'est déjà plus là, Marcel voit dans ses yeux qu'il pleure sans larmes.

Il vient de demander à sa voisine de lui prêter un stylo, mais elle l'a toisé du regard et lui a juste dit qu'il était con. Il se retient de pleurer, c'est parti pour la journée, une journée infinie.

Il regarde la lune qui est encore présente dans le ciel ce matin et se demande si un jour il pourra aller dessus, s'envoler, partir aussi loin, à exactement 384 400 km d'ici.

Le maître le rappelle à l'ordre, il n'a rien écrit alors que tous les autres ont déjà terminé leur autodictée. Pourtant, il la connaît par cœur, même si ce texte qui décrit la Bretagne est plutôt erroné. Maël aime la Bretagne et ses couleurs. Quand il est là-bas, il regarde la mer, sa maman le prend en photo et lui sourit souvent.

Ce matin, elle lui a encore demandé de se dépêcher, mais il n'y arrive jamais, parce qu'il ne veut plus aller à l'école.

Il a bien essayé de dire qu'il avait mal au ventre, encore, elle ne le croit pas, il a mal au cœur, surtout. Tous les matins d'école, Maël ne se presse plus, même s'il veut obéir à sa maman. Rien à faire, ça lui fait trop mal en dedans.

Quand le maître ramasse les copies, il a réussi à écrire la première ligne quand même. Il est certain de ne pas avoir fait une seule faute. Néanmoins, comme il manque encore deux lignes, il sait qu'il aura zéro. C'est bête, quand même ; s'il avait réussi à se concentrer, il aurait eu 20/20 ou au pire 18. Sa maman l'aurait félicité et lui aurait dit qu'il pouvait être fier de lui. Elle l'aurait même embrassé, parce qu'elle n'arrête jamais de lui dire qu'elle l'aime, son Petit Prince.

Il le sait qu'il est petit, Sophie vient de lui dire qu'il l'est, oui, c'est un petit… con.

Il sent mauvais, parce qu'il ne sait pas trop pourquoi, il ne se lave pas toujours. Le soir, sous la douche, il n'a plus de force. Chaque jour d'école, il revient épuisé d'avoir tout fait pour ne pas pleurer.

Marcel est triste à le regarder, elle sait que Maël est triste aussi.

Un jour, pendant la récréation, elle est venue se poser sur sa main et lui, tout étonné, l'avait observée.

Elle se souvient qu'elle se sentait bien là, à croiser le regard de ce petit garçon. Il a pourtant fallu qu'elle s'envole très vite quand le ballon en cuir est arrivé. Maël est tombé, il a mal et il pleure.

« Chochotte ! Sale PD ! », il n'a pas fini d'en entendre parler !

Il voudrait bien jouer au foot, mais il n'est pas très doué. De toute façon, on lui a interdit d'y jouer puisqu'il est trop nul.

Mehdi vient le voir, il est sympa aujourd'hui.

Maël est content ; ce soir, après l'école, Hervé et Mehdi lui ont donné rendez-vous au parc.

Comme la maison de papa est juste à côté, il n'aura qu'à rentrer et prendre une pièce de deux euros dans sa tirelire. Avec, il ira choisir des bonbons au Vent d'Ouest, le bar-épicerie en face du parc et de l'école.

Par Erell Buhez

Il choisira une fraise tagada pour Hervé, un rouleau de réglisse pour Mehdi et une sucette au coca pour lui. Ce sera le meilleur moment de la journée, celui de tous les possibles, où il va piloter une fusée, avoir le droit de jouer avec les branches, comme des épées. Il sera chevalier, puis astronaute. Il pourra s'entraîner sur sa nouvelle trottinette qu'il a eue à Noël, commandée par papa et maman qui ont réussi à se mettre d'accord pour la lui acheter.

Cela fait bien longtemps qu'il ne croit plus au père Noël, il se dit même qu'il n'y a jamais vraiment cru. À chaque fois, c'est pareil, on commande des cadeaux et ils arrivent dans la cave, là où maman croit les avoir cachés. Ça ne fait pas beaucoup de surprises ; de toute façon, il déteste les surprises, alors ce n'est pas grave.

— Maël !!!!!!
— Quoi ?
— Tu vas te concentrer, oui ! Regarde, tout le monde a fini ses exercices de conjugaison, et toi, tu as juste écrit la date sur ton cahier !

Maël prend son crayon de papier, il n'a pas son stylo. Il doit se remettre au travail, sinon, il n'ira pas en récré. Mais ça l'arrange, parce que dans la cour de l'école, depuis bien longtemps, personne ne veut plus jouer avec lui.

Quand maman et papa l'ont inscrit ici, ça arrangeait tout le monde, sauf lui. On n'a pas voulu l'écouter. Lui avait ses copains dans l'autre école, de vrais copains, on dit même des amis quand on leur dit nos secrets.

Depuis qu'il en est parti, il ne les voit plus, sauf pour son anniversaire, quand ils viennent.

Marcel s'envole

Maman lui a expliqué que c'était mieux pour lui et sa petite sœur d'aller dans cette école. D'abord parce qu'elle est jolie, avec ses vieilles pierres et les tilleuls dans la cour, et parce qu'on commence à 9 h et qu'on finit à 15 h 30 deux fois par semaine pour faire des ateliers. Il a choisi karaté, pour apprendre à se défendre, et puis informatique, parce qu'il adore les ordinateurs.

Trop tard, Maël a juste écrit conjugaison et le maître le dispute parce qu'il l'a écrit au crayon. Derrière, il entend le petit rire de Sophie qui se moque. Le maître, lui, ne l'entend pas et Maël n'écoute pas le maître, il essaie juste de ne pas pleurer. Monsieur Bompas, l'instituteur, repart en soupirant. Maël ne fera plus rien de la journée, ou presque.

Marcel commence aussi à s'ennuyer, alors elle s'envole vers une autre école.

Pendant ce temps, Mehdi et Hervé ont réussi à faire passer un petit mot griffonné sur un papier, sans que le maître ne voie rien. Remarque, c'est facile, il a donné dix exercices de maths à faire et il regarde Facebook sur l'ordinateur de son bureau. Alors, il ne fait pas très attention. Du moment qu'on ne parle pas, il ne relève pas la tête. On peut même copier sur son voisin, il ne voit rien. Mais il est gentil, du moment qu'on lui fout la paix.

C'est l'heure de la récréation.
Bizarrement, Monsieur Bompas ne lui a rien dit, alors Maël va dans le couloir mettre son manteau, en faisant bien attention à ne toucher personne et en évitant le croche-pied de Sophie qui le regarde avec ce petit sourire qu'il déteste tant.

Il va falloir être fort pour supporter la demi-heure de récréation. Au mieux, il n'aura pas de bleu. Le maître est sorti, mais il n'a pas fermé la classe à clé. Alors, Maël se réfugie dans le couloir et sort son Lego Ninjago. Les porte-manteaux sont des planètes, et la poignée de la porte, la base de décollage.

Pendant ce temps, Marcel est arrivée au collège ; là-bas, aussi, la blanche colombe voit une petite fille se faire insulter. Elle s'appelle Emma, elle est plutôt jolie quand elle sourit. Pourtant, ça fait un moment qu'elle ne sourit plus beaucoup, surtout à l'heure de la récré.

Elle pense à Pierre, le copain de son frère qui s'est suicidé le mois dernier, parce qu'il était harcelé. Ce n'est pas juste, il était gentil, Pierre, et il était champion départemental de saut d'obstacles, mais c'est un sport de PD, paraît-il.

Marcel se pose sur les cheveux d'Emma et lui souffle une idée.
Et si tu faisais parler les enfants dans les écoles, quand ils se font insulter toute la journée. Et si tu demandais à tes parents de t'aider à monter ce que les adultes appellent une Association. Une Association, c'est quand on se réunit pour proposer d'aider, tous ensemble, pour quelque chose ou quelqu'un.

Emma voudrait aider les enfants à parler, à raconter leur calvaire dans les cours de récré. Elle sait bien qu'elle n'est pas la seule à ne pas être populaire dans ce collège. D'ailleurs, il y avait au moins Pierre, mais pour lui, c'est trop tard.
Emma, comme Maël, s'empêche de pleurer. Ce soir, c'est décidé, elle va dire à ses parents qu'elle ne veut pas partir en voyage scolaire parce qu'elle a peur de l'après-midi « temps libre », prévu au programme. Il n'y aura pas les profs pour les surveiller, ils seront donc libres pendant que les enseignants iront prendre un café, en terrasse, au soleil. Enfin, c'est comme

Marcel s'envole

ça qu'elle s'imagine ce qu'ils vont faire, eux, pendant ces deux heures de liberté.

Elle sait que Mélissa va en profiter pour la laminer. Mélissa est devenue méchante du jour au lendemain. Avant, c'était son amie, enfin… elle le croyait. Ça sonne, ouf ! On va rentrer en cours. Elle est contente, c'est l'heure de la techno et elle aime bien son prof, il est plutôt rigolo !

— Qu'est-ce qu'on mange ce midi à la cantine ?
— Du caca !
— Ah ! Du caca en beignets.
— Ouais, du caca pour Maël !

Tout le monde rigole et Maël est vexé.

Pourtant, il a essayé d'être drôle, de les faire rire. C'est bizarre quand même, ça marche à la maison, mais il faut croire que maman rigole exprès à ses blagues. Papa, lui, en fait plein, quand il est en forme, son petit garçon adore rire avec lui et bricoler aussi. Mais aujourd'hui, peut-être qu'il aura encore mal à la tête, ou alors il dormira à 4 heures et demie quand Maël rentrera de l'école, avec sa petite sœur.

Si c'est comme ça, il laissera un petit mot sur la table. D'ailleurs, il en profitera pour prendre un stylo, histoire de ne pas avoir besoin d'en demander un à quelqu'un demain.

La journée passe et Marcel est revenue dans son école, mais Maël n'a aucune idée de sa présence. Il lit *Harry Potter*, assis sous le préau, au moins, comme ça, on lui fout la paix à l'intello.

Il ne comprend pas pourquoi on se moque de lui lorsqu'il tente d'expliquer le fonctionnement de sa machine à vapeur que papa vient de lui offrir. Tout le monde s'en fiche et préfère parler des Pokémons.

Par Erell Buhez

Il en est à la page où Harry vient de rencontrer Ron et Hermione dans le Poudlard Express. Il aime bien comment c'est écrit, ça fait de belles images dans sa tête. De toute façon, il a déjà vu le film avec papa. Maman ne voulait pas, elle disait que ça pouvait être violent ! N'importe quoi !

Le maître l'appelle parce qu'il a voulu terminer son chapitre, mais il n'a pas le temps. Il faut retourner en classe. Ça va être mieux, c'est maths, et Maël adore les maths. L'année dernière avec monsieur Briot, il se souvient de la fois où il a gagné la coupe des tables de multiplication.

Il se souvient aussi de maman, dans la voiture, qui le saoulait avec ces foutues tables ! Ça sert à quoi de les apprendre puisqu'on peut retrouver le résultat avec les doigts ! 9 fois 7, c'est facile, tu mets tes deux mains face à tes yeux et tu comptes de gauche à droite. Tu baisses le septième doigt et tu regardes le nombre de doigts à gauche, c'est les dizaines. 6 dizaines, ça fait 60 et à droite, il y a trois doigts. 60 et 3, ça fait 63.
Maman lui a bien expliqué cette méthode, alors à quoi ça sert de les savoir par cœur ?

Mais bon, à force, c'est rentré et il a gagné la coupe des tables de multiplication.

Monsieur Briot lui a posé sur la sienne, de table, il aura le droit de la garder toute la journée. En plus, tout le monde l'a applaudi ! Ah… ça devait être ça, être heureux ou être fier de soi, il ne sait plus comment ça fait depuis qu'il est dans cette nouvelle école.

Marcel s'envole

Marcel a retrouvé sa place au bord de la fenêtre et se permet une petite sieste. C'est un bon moment de la journée. Il y a un peu de soleil et les tilleuls sont tous dorés, c'est beau !

Maël regarde par la lucarne, il se dit que ce soir, il prendra plutôt 5 euros, puisque Hervé lui a demandé d'acheter des cannettes de Coca aussi, en plus des bonbons.

Cette fois, il a écrit mathématiques dans son cahier du jour et il a fait deux exercices. Pourtant, comme il n'a encore pas fini, il n'a pas le droit d'aller jouer à l'ordinateur. Qu'il regrette la classe de monsieur Briot, qu'est-ce qu'il était sympa ce maître-là ! Voilà qu'il a encore envie de pleurer.
Monsieur Bompas est gentil, mais il ne s'occupe pas pareil de lui. En fait, il s'en fout. L'autre jour, quand Ange l'a tapé et qu'il est allé se plaindre, le maître lui a dit d'aller jouer plus loin. Il n'a pas puni Ange qui a bien rigolé !

Maël regarde la pendule, il est 16 h 20, il faut copier les devoirs. Comme il n'a aucune envie de les faire, il ne prend même pas son agenda. De toute façon, papa ne regardera pas dedans et lui fera confiance. Il a juste la prochaine autodictée à préparer, mais c'est pour la semaine prochaine. Pour demain, il doit réviser la leçon de sciences qu'il n'a copiée qu'à moitié. Il s'en fiche, il sait déjà tout, depuis trois ans. C'est Mamie Coco, en Bretagne, qui lui a expliqué comment faire un circuit électrique en parallèle ou en série, c'est trop facile !

Quelquefois même, elle lui faisait un cours de sciences à la plage quand elle y allait avec eux. Maintenant, elle ne lui expliquera plus rien, elle est morte à la fin de l'été dernier à cause du cancer. Sa maman dit que c'est un sale crabe ; il ne comprend pas, il aime bien les crabes.

Il range vite fait son cahier dans son cartable, le maître ne le lui a pas demandé, ouf !

De toute façon, il a presque terminé son cahier et il n'est toujours pas corrigé. Alors, à quoi ça sert de les faire les exercices si personne ne les corrige ?

Pendant ce temps, Marcel s'est réveillée et s'étire tranquillement, ça va être l'heure qu'elle préfère, celle de la sortie de l'école. Sur le trottoir, les parents attendent, il y a même le papa de Maël. Salomé, elle, est déjà sortie et lui fait un bisou. Cette sœur-là, Maël se dit qu'il n'en voulait pas. C'est vrai quoi ! Papa et maman se sont séparés juste après sa naissance.

Il range son Lego Ninjago dans la poche de son blouson. Que va dire maman, la semaine prochaine, quand elle verra que sa poche est déchirée ? Il n'a pas fait exprès, c'est Hervé qui l'a arrachée parce qu'il voulait lui piquer son Lego ! Maël a bien réussi à cacher, en boule, son pull plein de taches d'encre pour qu'on ne le dispute pas. Là aussi, il n'a pas fait exprès, il ne sait même pas qui lui a fait ça avec son stylo plume.

Marcel l'observe, elle se dit qu'il a le cœur gros et qu'il va falloir l'aider. Elle se prépare pour s'envoler et aller se poser sur sa tête, tout près de l'oreille de Maël, mais trop tard !

Il a couru tellement vite dans les bras de son papa, faut dire !

Il se dépêche de rentrer, attrape sa trottinette, ses 5 euros, et repart vers l'école. Il entre dans le bar-épicerie et dit bonjour avec le sourire. Monsieur Poisson lui a rendu sa monnaie :

25 centimes. Il prend le sachet rempli de cannettes et de bonbons.

Il se dirige vers le parc où l'attendent Hervé et Mehdi. Il pose sa trottinette le long du mur de la salle des fêtes. C'est bizarre, ils ont un drôle de sourire. Maël leur donne chacun un bonbon et une cannette, ils le remercient et commencent à parler du dernier niveau atteint sur Zelda et de la dernière construction sur Minecraft.

Marcel sourit et Maël aussi, enfin un bon moment dans cette journée !

C'est peut-être ça le bonheur ?

Soudain, quelques gouttes de pluie se mettent à tomber. Maël est en colère, c'est juste maintenant qu'il pleut ! Il va peut-être falloir rentrer et il n'a pas envie. Il n'a presque pas parlé de la journée, c'est le seul moment où il est comme les autres, avec deux copains qu'il aime bien. Mais, il ne comprend pas trop pourquoi, ses deux amis ne sont pas gentils avec lui lorsqu'ils sont dans l'école. Ils font comme les autres et se moquent de lui.

Marcel observe la scène, elle est aux aguets, décidée à s'envoler si nécessaire.

Les trois enfants se sont levés et s'apprêtent à partir. Maël va jeter les cannettes à la poubelle et lorsqu'il revient vers Mehdi et Hervé, un rayon de soleil pointe. Il sourit et plisse les yeux, qu'est-ce qui brille là ?

Le regard de Mehdi est bizarre, et comme il a le soleil en face, il est un peu ébloui et ne voit pas celui d'Hervé. Au bout de sa main, ça brille, ça fait un reflet, mais qu'est-ce que c'est ?

Marcel a décollé, vite !

Par Erell Buhez

Un nuage fait de l'ombre et Maël regarde cette main et cette lame de couteau.

Il hurle et court le plus vite possible. Il attrape sa trottinette et veut s'en aller. Mais le chemin est plein de cailloux et, avec la vitesse, la roue avant se bloque dessus, il tombe !

Il entend rire fort, ça fait comme si c'était en écho, tellement c'est fort ! Bien évidemment, il ne voit pas Marcel qui s'affole autour de lui. Son genou et sa main saignent beaucoup, il a mal, il a peur, il faut être courageux ! Maël remonte sur sa trottinette et arrive à rentrer dans le jardin de sa maison.

Il pleure, enfin ! C'est comme si toutes les larmes qu'il avait dans le corps voulaient sortir ! Il n'arrive plus à s'arrêter de pleurer ! Son papa débarque et lui demande ce qu'il se passe.
Marcel regarde la scène, atterrée, comment va-t-elle bien pouvoir l'aider à repasser chaque jour le portail de cette école, désormais…

Deux ans plus tard, Maël est au collège. Après l'histoire du couteau, son papa s'est fâché fort, comme il sait faire. Il a appelé le père d'Hervé pour lui parler, mais ça n'a rien changé. L'année d'après, en CM2, il a eu une maîtresse très gentille qui a voulu l'aider. Mais elle était tellement gentille qu'il est devenu le chouchou. C'était pire encore ! Sophie l'insultait tous les jours et Hervé continuait de le harceler, toujours en cachette ; ce n'était pas un vrai ami. Les autres ne disaient rien. Quelquefois même, ils applaudissaient ou participaient. Ils préféraient que ça ne tombe pas sur eux !

Un jour, il y en a six qui ont bousillé son cartable. Ils ont volé de la colle, de la farine et du vinaigre. Il y en avait partout, même sur son cahier de correspondance dont les pages sont restées toutes collées le reste de l'année. Mehdi était là, pourtant ; il n'a rien dit, tout laissé faire.

Le soir, il n'arrivait jamais à s'endormir vite. Heureusement, entre-temps, il a adopté Molécule, un chartreux, chez maman et Twist, un chien, chez papa. Il ne savait pas, pourtant, que c'était bien Marcel, une colombe, qui allait l'aider.

Maman essayait de lui expliquer comment respirer avec le ventre pour se relaxer, mais il n'avait pas envie, il avait seulement envie de mourir.

C'est maman qui est allée chercher Marcel.

Maman a perdu la sienne et, depuis, il n'aime plus les cours de sciences. De toute façon, le prof, il n'est pas très sympa, et puis il raconte toujours des trucs que Maël sait déjà. Et ça le rend encore très triste, parce qu'à chaque fois, il pense à mamie Coco.

Elle était si gentille, mais si malade, elle avait la maladie de la tristesse, lui a dit maman, et elle fumait tout le temps, des cigarettes qui puent.

Il a demandé à sa maman de lui rapporter son matériel de chimie, mais il y en a tellement qu'il ne le retrouvera qu'aux prochaines vacances en Bretagne. C'est bientôt, si papa et maman arrivent à s'entendre pour le billet de train, et qui doit le payer, et nous accompagner. Ce n'est pas gagné, ça !

Alors, l'autre jour, il n'a pas voulu souffler les bougies pour ses 11 ans, il ne sait pas ce qu'il s'est passé. Salomé a voulu le doubler et souffler les bougies à sa place ! Maman allait prendre la photo quand une colère immense l'a débordée. Il est monté dans sa chambre et il a pleuré, encore !

Par Erell Buhez

Sa maman était très fâchée, elle n'a pas compris !
Alors, elle lui a demandé de descendre, mais il ne l'a pas écoutée, il a gâché la fête exprès !

En ce moment, il est en colère, mais pour d'autres raisons. Il est bien au collège, il a retrouvé ses copains de son école d'avant, avant tout ça, avant Marcel, avant qu'il ne dise à sa maman, un jour : « Ce matin, je préfère mourir que d'aller à l'école. »

Il ne sait pas ce que sont devenus ses camarades de classe, si on peut les appeler comme ça... Il ne voit plus que Mehdi, de temps en temps, au parc. De toute façon, il n'arrivera rien, ni à Hervé, ni à Sophie, ni aux autres, parce qu'ils ont moins de treize ans.
Au moins, maintenant, maman l'écoute et papa aussi. Le problème, c'est qu'eux, ils ne s'écoutent plus du tout, ça n'arrête pas, c'est l'enfer ! Il espère que ça va cesser. Il ne pleure plus beaucoup, mais il est toujours en colère.
Maman lui a offert des gants de boxe et il a le droit de frapper autant qu'il veut son grand Schtroumpf en peluche qu'une amie lui a donné. De temps en temps, il imagine que c'est Hervé ou Sophie, mais quelquefois, c'est maman ou papa ou sa sœur... Des fois, c'est personne, juste que ça fait du bien quand il sent que la colère est plus forte que lui.

Il va mieux. Parfois, il n'a plus du tout envie d'en parler de tout ça, et puis d'autres fois, il adore ça ! Bientôt, il va enregistrer un témoignage pour une radio scolaire et il voit bien que maman est très fière de lui. Elle rigole tout le temps maintenant, pas qu'en Bretagne. Elle dit que c'est grâce à Marcel. Elle dit qu'il comprendra quand il sera papa à son tour ; ce n'est pas demain la veille, il n'a même pas d'amoureuse !

Il n'en a pas envie, il a des amis, de vrais amis et qu'est-ce que c'est cool !

Marcel lui a appris à parler et même à aimer écrire, il a eu les félicitations au premier trimestre avec une superbe moyenne. Maintenant qu'il parle, il ne peut plus s'arrêter, mais c'est quand même mieux, non, que de ne pas s'arrêter de pleurer ?

Pour mon Petit Prince qui deviendra grand. Avec tout mon amour.
Ta maman qui t'aime fort comme l'univers ;-)
Oui, je sais que tu le sais... ☺

Suite du témoignage

Enseignante depuis 1995, auparavant animatrice en centre de loisirs, ma vocation à travailler auprès des enfants est née vers l'âge de dix ans.

J'ai donc, tout naturellement, passé un brevet d'aptitude aux fonctions d'animateur (BAFA), puis postulé à un poste de surveillante d'externat dès l'obtention de mon baccalauréat.

Après mes études en sciences du langage puis en sciences de l'éducation, j'ai enfin pu passer le concours de professeur des écoles, obtenu dans l'académie de Créteil.

L'année de formation qui a suivi à l'institut universitaire de formation des maîtres fut intéressante, mais seuls les plongeons en classe durant des stages de plusieurs semaines me semblaient utiles.

En effet, si la théorie est importante à connaître, c'est bien avec les élèves que l'on apprend le mieux. Seule une formatrice en français me donnera de réels conseils pour faire face à ce qui reste l'essentiel : construire sa pédagogie.

Par Erell Buhez

L'année s'est terminée par une titularisation obtenue sans souci et, grâce à quelques points acquis auparavant avec quatre années de pionnicat, je serai nommée sur un poste en grande section de maternelle dans une école au public tranquille dans le nord de la Seine-et-Marne.

Début septembre, alors que j'avais pris connaissance de mon affectation la veille, j'ai donc été accueillie par une équipe sympathique.

C'était l'année de toutes les promesses et de tous les projets dont j'avais rêvé depuis plus de dix ans, j'enseignais enfin dans ma classe.

Une première inspectrice, pourtant, réussira à calmer ma motivation, me donnant la fabuleuse note de 10,5/20 sans conseil, mais avec de nombreuses critiques sur son rapport.

L'année suivante, ayant l'opportunité d'emménager à une vingtaine de kilomètres, j'ai demandé un nouveau poste que j'ai obtenu dans une petite école de trois classes, près de Lagny-sur-Marne.

La directrice, une femme accueillante, souriante et bienveillante, fut pour moi un exemple, c'est toujours une amie aujourd'hui.

Pour la petite histoire, qui fut réellement violente pour elle, elle a souhaité passer le concours de professeur des écoles, car elle était sous le statut d'institutrice avec un salaire minable et une indemnité de direction dérisoire. Depuis quelques années, on lui demandait d'être maître d'accueil des étudiants enseignants dans sa classe. Elle n'obtiendra pas le concours et ne comprendra jamais ce paradoxe ; moi non plus.

De mon côté, avec des CM1-CM2, je passerai des heures à préparer des plans de travail, car en piochant dans toutes les tendances pédagogiques, c'est bien de celle de Freinet dont je me rapproche le plus.

Marcel s'envole

Chaque élève avait, en début d'année, une longue liste de savoirs à acquérir. Tous les samedis matin (à cette époque, on travaillait le samedi), ils passaient leurs brevets de compétences qu'ils choisissaient eux-mêmes en fonction de ce qu'ils pensaient acquis.

Ainsi, ce n'est que lorsqu'ils se sentaient prêts qu'ils étaient évalués.

J'aidais les plus en difficulté, mais très sincèrement, ce que je connus plus tard dans ma carrière me fait dire qu'aucun élève n'était réellement en échec.

Cette école restera celle de mes meilleurs souvenirs d'enseignante. Les élèves y étaient visiblement heureux et épanouis. Trois classes et une cour de récréation immense donnant sur un pré avec des chevaux et des champs à perte de vue. Il y avait une balançoire, un toboggan, un tape-cul, un grand préau et de quoi jouer au foot, à l'élastique, à la corde à sauter, aux billes…

Du CP au CM2, garçons et filles jouaient ensemble. En quatre années passées là-bas, je n'ai jamais eu à intervenir pour une bagarre entre élèves. Nous partions en classe découverte tous les ans, tous ensemble, durant une semaine. Les représentations de fin d'année étaient peaufinées, car en dehors des maths et du français, nous adorions mettre en scène des spectacles de qualité. Ce moment de partage était une réelle fête avec tous les parents et nous terminions par un pique-nique commun.

J'avais demandé à être réinspectée, et cette fois, le rapport fut dithyrambique et ma note réajustée par une inspectrice bienveillante.

Au bout de deux années, j'ai voulu me confronter à ce qui me motivait le plus : la classe de CP. Apprendre à lire à des enfants avides de ce savoir était un nouveau challenge.

J'ai quitté cette école idéale pour aller me confronter à d'autres publics en tant que remplaçante. C'est à partir de ce moment-là que j'ai connu mes premiers vrais déboires avec ma hiérarchie. Les directeurs d'école n'étant pas nos supérieurs hiérarchiques, mais bien des collègues (ce qui semble être en passe de changer actuellement), le récit à venir montre combien, heureusement, ce n'était pas le cas.

Durant un remplacement, l'un de mes élèves a donné un coup de pied à un autre pendant la récréation. La directrice, avertie, lui a fait enlever ses chaussures pour les mettre dans la poubelle de son bureau. Ensuite, elle a demandé à l'enfant victime de frapper fort son camarade pour se venger. Médusée, je me suis vue remonter en classe avec un élève en pleurs et en chaussettes !

Il n'était visiblement pas le premier à subir ce genre de punitions et à aller manger à la cantine sans chaussures. Alors, au moment de sortir, je l'ai accompagné dans le bureau de la directrice pour qu'elle les lui rende ainsi que sa dignité. Elle l'a fait non sans me sermonner par une grande leçon de morale mémorable. Je ne comprenais pas cette violence, et sa manière de faire relevait de pratiques interdites. Je ne savais pas qu'ensuite, ce serait pire.

Quelques semaines plus tard, de retour dans cette école, je remplaçais cette fois la directrice, en CM2, pour quelques semaines. Dans la cour, il ne se passait pas une journée sans bagarre entre élèves, parfois très violente. Lorsque l'un d'eux a voulu crever l'œil d'un autre avec un compas, j'ai piqué ma toute première colère en classe. Je leur fis part de mon questionnement par rapport à cette violence présente tous les jours, en classe ou en dehors. Nous n'étions pas dans un quartier difficile, il n'y avait aucune raison pour moi que cela se passe ainsi. Rétablir un climat serein était indispensable.

Après avoir obtenu le silence, j'organisai donc, sur le moment, un débat autour de ce problème.

Le leader de la classe, un grand garçon nommé Fulbert, prit alors la parole : « On ne voit pas pourquoi on ne pourrait pas se battre, notre maîtresse nous tape bien, elle, et même elle nous fait des béquilles ! »

Abasourdie, je lui demandai ce qu'était une béquille. Sentant qu'il disait vrai, je me suis assise et j'ai donné la parole à tous ceux qui voulaient en parler. Ce fut un flot de récits plus surprenants les uns que les autres.

Ces élèves n'arrêtaient plus de se confier alors, afin que tous puissent s'exprimer, et sur les conseils d'un inspecteur connu en formation, je leur donnai à chacun une feuille pour qu'ils écrivent ce dont ils se plaignaient. Seuls trois élèves n'avaient rien à dire ni à écrire.

Je leur promis que j'en référerais à ce qu'on appelle un inspecteur, je ne pouvais pas ignorer leur demande d'aide. En prévenant les collègues (et donc en m'attirant leur antipathie éternelle), je me suis donc rendue dès le midi à l'inspection, mais l'inspecteur était absent. J'ai remis à sa secrétaire tous ces témoignages écrits, attendant la suite.

Le soir même, je recevais un appel de mon supérieur hiérarchique qui me convoquait dès le lendemain. Quelle fut ma surprise lorsqu'il me parla de dénonciation calomnieuse envers une collègue, du fait que j'avais outrepassé mes droits en faisant témoigner les élèves, il n'y avait que la police qui pouvait le faire. Soit, j'enverrai ces mêmes témoignages au procureur de la République. L'inspecteur me prit en grippe à partir de ce jour. Cela m'était bien égal. Évidemment, on me changea d'école et jamais je n'ai pu dire à ces élèves que j'avais, me semble-t-il, fait le nécessaire. J'ai longtemps eu peur de rencontrer l'un d'eux par hasard, en sachant qu'il ne s'était rien passé pour eux après, aucun changement.

Je ne l'appris que bien plus tard : cette directrice d'école était protégée, elle terminera sa carrière sans être inquiétée.

L'année suivante, je remplaçais un collègue en arrêt longue maladie, toujours dans une classe de CM2, dans une école agréable avec des collègues aguerris et sympathiques. Malheureusement, le collègue malade décèdera en décembre. Aussi, j'ai dû quitter la classe (malgré mes demandes à cet inspecteur) pour être remplacée par une jeune débutante qui avait obtenu le concours sur liste complémentaire. Cela sous-entendait qu'elle n'avait aucune formation. Effectivement, elle n'avait jamais enseigné ne serait-ce qu'une journée et ce fut la catastrophe, elle n'a pas tenu deux semaines. Pour couronner le tout, l'inspection m'avait affectée à un remplacement dans la même école en CE2 !

Lorsque ma collègue a été déplacée, j'ai bien évidemment redemandé à retourner en CM2 ; cette fois, c'était possible, puisqu'il fallait la remplacer. Les élèves, les collègues, les parents ont tout essayé pour m'aider, mais en vain. On a préféré faire quitter la classe de maternelle à une autre collègue remplaçante qui avait démarré l'année avec eux depuis septembre.

La valse des enseignants, comme des pions que nous sommes, et le désarroi des élèves concernés me laissèrent un goût amer.

L'année suivante, dégoûtée par tout ça, je retournai dans mon école idéale que je quitterai trois ans plus tard pour un poste dans le sud de la Seine-et-Marne. Je venais de rencontrer le futur père de mes enfants, je partais donc le rejoindre. Je ne savais pas que cet au revoir signerait le début de mes désillusions de pédagogue.

Me voilà donc nommée en CP dans une ville sinistrée par le chômage, mais pas en zone appelée à l'époque ZEP (Zone d'Éducation Prioritaire). Je fis connaissance avec des élèves qui, pour au moins la moitié d'entre eux, ne savaient pas ce qu'était un cygne ou même une forêt, alors que nous étions à 10 minutes de Fontainebleau, en bord de Seine.

J'ai très rapidement constaté que je ne faisais plus le même travail et qu'il me fallait revoir ma manière d'enseigner pour m'adapter à ce public qui avait besoin d'aide spécifique. Certes, ils devaient apprendre à lire, mais nombre d'entre eux n'avaient aucun livre à la maison. Heureusement, un RASED (Réseau d'Aides Spécialisées aux Élèves en Difficulté) était présent dans cette école. Il est formé d'un psychologue et d'un maître G (ou rééducateur) qui s'occupe d'aider les élèves les plus fragiles et les moins investis dans le domaine scolaire. Il y a également un maître E qui, lui, s'occupe des aides à dominante pédagogique, soit trouver d'autres chemins pour aider les élèves qui n'apprennent pas ou peu en classe.

Ma remise en question et le contact avec ces collègues du RASED me donnèrent donc l'envie de retourner en formation pour devenir moi-même maître E.

Maître E, maître G... Il faut savoir qu'il existe tout un tas de lettres pour désigner les enseignants spécialisés. On retiendra l'excellente idée de l'Éducation nationale de donner à ceux qui se spécialisent dans l'aide aux enfants autistes le certificat d'aptitude déprime... pardon, option D'.

Je partis donc en formation et fus nommée dans un RASED à une vingtaine de kilomètres. J'obtiendrai ma certification non sans mal, mais en ayant rencontré, cette fois, d'excellents formateurs dans quasiment tous les domaines.

Pour le passage de la certification, il fallait faire deux séances en regroupement de petits groupes d'élèves, puis une critique constructive de sa prestation et enfin une soutenance du mémoire écrit pendant la formation. Cela se passait devant un jury de quatre personnes. Quatre élèves et donc 5 adultes dans la salle, déjà, rien n'est habituel. L'un des inspecteurs du jury me balancera mon mémoire qui tombera à terre en me disant que ma problématique (question posée dès l'introduction du mémoire) n'en était pas une. J'avais été sous la tutelle d'une des meilleures spécialistes en mathématiques, ce n'était pas possible. Cet inspecteur reste connu pour adorer humilier les candidats, ou plutôt les candidates.

Par Erell Buhez

Je suis sortie de cette soutenance épuisée et sans espoir d'avoir réussi. Heureusement, les trois autres membres du jury n'étaient pas d'accord avec ce pervers au petit pouvoir.

J'ai adoré ce nouveau métier, les élèves dont je m'occupais étaient tous en très grande difficulté, mais ils reprenaient confiance, en petits groupes, dans ma salle. Une sorte de cocon où ils travaillent ensemble et à leur rythme (ce qui est impossible en classe avec un enseignant pour 25 à 30 élèves).

Mon objectif principal était de les réconcilier avec les apprentissages, car, très jeunes, ils préféraient souvent ne plus rien essayer, déjà trop confrontés à leurs difficultés. Leur sentiment de compétence s'était transformé en sentiment d'incompétence. L'échec quasi permanent entraîne ces enfants à très vite perdre confiance en eux, malgré les aides adaptées de leurs enseignants en classe.

Pourtant, ces RASED sont aujourd'hui rares sur le territoire français ou incomplets. En effet, on a démantelé ces réseaux à partir de 2008 et quasiment cessé d'organiser des formations. Même les postes de psychologues scolaires sont souvent non pourvus et jamais remplacés, tout comme les maîtres E et G, lorsque nous sommes absents.

Appréciant le changement et détestant la routine, quatre ans plus tard, je partirai vers un autre RASED, non sans avoir été réinspectée ; assurant, selon l'inspectrice, mes missions avec beaucoup de professionnalisme, j'obtiendrai 19/20.

C'est alors que des évènements personnels difficiles à vivre ont commencé à me faire flancher. J'entrai dans cette maladie de la volonté, souvent incomprise, qu'est la dépression. Pour autant, le travail me maintenait à flot.

J'avais changé de circonscription et donc d'inspectrice.

Elle était, selon moi, d'une incompétence notoire en matière de pilotage des RASED qui, pourtant, faisait partie de ses missions. En outre, mon fils à la même époque, dans une des écoles de cette même circonscription, a été harcelé pendant deux longues années. Je décidai donc de la rencontrer pour lui expliquer cela, en tant qu'enseignante et maman. De vive voix, elle m'a assuré que le cas de mon fils était bien considéré comme du harcèlement scolaire, mais n'a évidemment jamais voulu me l'écrire. J'ai alors sorti ma plus belle plume et lui ai écrit beaucoup de mails. Entre-temps, j'étais souvent en arrêt maladie, car ma situation personnelle devenait insupportable.

J'ai donc découvert que malgré une carrière quasi irréprochable, le jour où l'on flanche, c'est tant pis pour vous. Le résultat ne s'est pas fait attendre, cette inspectrice a fait en sorte que ma carrière ne puisse plus vraiment évoluer. La sienne, elle est partie la poursuivre à Lyon, où je leur souhaite bien du courage.

On m'a donc fait signer un protocole d'accompagnement pour l'année suivante, où le premier objectif était de respecter la hiérarchie. Mon souci est que je ne respecte que les personnes que je considère compétentes. J'ai rencontré des inspecteurs tyranniques et d'autres très bienveillants et professionnels. Malheureusement, je ne sais pas me taire avec les premiers, qui abusent trop souvent de leur pouvoir.

On m'a également interdit en haut lieu, c'est-à-dire à la direction académique, de prendre des élèves en petits groupes dans ma salle. Ce sont les nouvelles directives que l'on veut imposer aux maîtres E, qui ne doivent plus intervenir qu'en classe auprès des élèves repérés comme très en difficulté. Bien évidemment, il m'arrivait aussi de travailler ainsi, mais je défendrai toujours l'idée que c'est bien en étant dans une salle, en tout petit groupe et sans le regard des autres, que l'on peut vraiment les faire progresser.

Beaucoup de collègues maîtres E continuent de faire ce qu'on appelle des regroupements d'adaptation dans leur salle et défendent le même point de vue que moi, les collègues enseignants dans leurs classes aussi.

Par Erell Buhez

Pour autant, j'étais punie et je n'avais plus envie de me battre. J'ai donc été surveillée et accompagnée par un nouvel inspecteur, le dernier rencontré, qui sera le plus compétent que je n'ai jamais connu. Mais le mal était fait, j'avais, comme mes élèves, perdu le goût de l'école.

Le burn-out et l'année la plus terrible de ma carrière. Je suis aujourd'hui en arrêt longue maladie et suis incapable de mettre un pied dans une école ; la phobie scolaire ne touche pas que des élèves.

Autour de moi, des collègues démissionnent ou tombent, comme moi. Ce sont souvent les plus motivés, pourtant, ceux qui donnent à ce métier une valeur. L'éducation et la culture restent les meilleures armes contre l'obscurantisme qui guette et asservit.

Je ne parviens plus à être en accord avec ce que l'on fait de notre école publique, les politiques de casse s'accélèrent.

J'espère pourtant pouvoir un jour retourner en classe, revenir à ce métier dont j'ai tant rêvé petite fille, mon sacerdoce, ma passion. Une douce utopie ?

L'enfant rond qui n'entrait pas dans leur carré

Par Laetitia Cavagni, *auteure*

Laetitia Cavagni est une des auteures phares de la maison JDH, son actualité littéraire très riche ne la dispense pas d'être une mère attentive et une femme active. Son témoignage sur « la différence », sur le parcours de son enfant, est bouleversant et extrêmement instructif...

Vous pouvez aussi la retrouver sur notre magazine littéraire l'édredon, où elle publie régulièrement des articles et da poésie ainsi que dans les collections Magnitudes, Atemporels et les collectifs JDH.

L'enfant rond qui n'entrait pas dans leur carré

Il y a de cela 13 ans, mon fils aîné est né dans une grande ville ensoleillée. De ses premiers mois, de ses premières années, je garde le souvenir maternel d'une lourdeur et d'un épuisement auquel je me suis habituée au fur et à mesure de ce temps qui passe entre nous. Évidemment que nous avons eu de beaux moments à nous découvrir, lui dans sa différence et moi comme maman d'un enfant différent. Chaque souvenir exacerbé. Noir ou blanc, mais jamais de gris. On ne s'est pas ennuyé.

Ce petit blond au QI supérieur à la moyenne des éducateurs et instructeurs l'ayant accompagné une partie de sa scolarité souffre, car dans ce monde, on en souffre, d'un trouble déficitaire de l'attention avec hyperactivité (TDAH) et d'une dyspraxie.

Pour le badaud ordinaire et l'enseignant qui ne veut pas savoir, ces enfants sont soit mal éduqués, soit maltraités, soit symptôme d'un dysfonctionnement parental ou familial. Quoiqu'après réflexion, dysfonctionnement principalement maternel. Chacun de ces troubles est considéré, avant tout, comme neurologique, mais là encore, les spécialistes ne sont pas d'accord. J'ai constaté que l'avis divergeait en fonction du courant analytique. Chacun défend sa pensée. Cela est bien trop intellectualisé et compliqué pour de simples parents.

Si les médecins n'ont pas trouvé de terrain d'entente, comment l'enseignant le pourrait-il avec l'enfant différent ?

Son premier trouble déglingue l'attention, bien que ce ne soient pas des êtres inattentifs, ces enfants-là. Non, non ! Leur attention est hameçonnée par de multiples petites diversions autour d'eux. Le bruit, la lumière, l'odeur… Son deuxième trouble est ce que l'on décrit comme le trouble du geste. Sa maladresse

Par Laetitia Cavagni

n'est pas, là non plus, de l'inattention, Mesdames et Messieurs les enseignants. Faites donc le deuil de l'élève parfait comme nous avons fait le deuil d'un aîné aussi intelligent, mais frustré par de telles difficultés.

Évidemment, vous avez surtout perçu sa facilité à s'exprimer si bien si jeune. À deux ans et demi, il a déjà un intérêt pour des sujets « qui ne le concernent pas ». Votre déception est apparue. Ensuite, l'agacement. Il va de soi qu'un enfant intentionnellement, dans sa grande perversité, fait semblant d'être en difficulté juste pour vous faire enrager.

Il est entré à l'école en faisant vaciller les codes avant de devenir lui-même vacillant du fait de l'obstination de la certitude malsaine de ces adultes, ces professionnels, ces mieux pensants que nous. Je ne suis que sa mère. Il n'est que son père.

La bienveillance n'a pas lieu d'être dans certaines salles de classe. Nous comprenions l'épuisement de l'enseignant, car nous le vivions depuis sa naissance. Il ne pouvait jamais se poser et se reposer. Il perturbait les temps de regroupement. Il parlait. Il s'agitait. Il se levait. Il n'a jamais été agressif ni ne s'est mis en danger comme nombres d'enfants TDAH. Sa perception du monde qui l'entoure diffère. Les émotions se révèlent sans filtre. Les sensations l'envahissent.

Son esprit est en hypervigilance et en hyperactivité. Sa peau est comme à vif. Tout est agression. Tout le blesse.

Il devra tout apprendre et apprendre à contrôler sa tête autant que ses doigts.

L'Éducation nationale en France ne s'arme pas pour ça. Elle s'y refuse et les parque dans des structures ou des processus extérieurs. L'intégration est un leurre dans la majorité de ces établissements de la République. On s'en plaint, de cette intégration sans soutien. La plainte est légitime. Le laisser-faire ne l'est pas.

L'enfant rond qui n'entrait pas dans leur carré

Imaginez que vous êtes sereinement allongé sur un sable fin à écouter le son hypnotique des vagues mêlé à celui de quelques oiseaux exotiques. Le soleil chauffe. Vous respirez, poumons ouverts. Vous êtes léger.

Soudainement, le silence.

Vous vous relevez. Un immense mur d'eau s'est formé au loin et se rapproche de vous. Vous vous rendez compte aussi qu'un astéroïde va s'écraser sur votre tête. Tout le monde est déjà parti se réfugier quelque part, vous laissant seul sans protection. La panique vous saisit. Votre cerveau se paralyse. Que faire ? Comment réagir ?

Où aller ?

Qui va m'aider ?

Par quoi dois-je commencer pour me protéger ?

Imaginez ces moments où vous n'avez pu contrôler la direction de vos pensées, contrôler une réaction. Imaginez vivre cela au quotidien dans ces moments de la vie où justement l'on doit apprendre à « se tenir correctement », « assieds-toi », « dis bonjour », « on ne contredit pas les adultes ».

Une orthoptiste m'a expliqué que des connexions neuronales n'étaient simplement pas faites de façon innée. Elle lui dit à lui surtout que dans son cerveau, il fallait construire les chemins de fer pour que son train passe partout. Cette image, je la garde encore en moi aujourd'hui. Ce jour-là, j'ai compris. Il a compris. Le cerveau d'un enfant a une certaine plasticité. Si les suivis sont proposés, le développement et l'adaptation sont possibles. Pour l'avoir expérimenté, je sais que jamais on ne vous ment quant aux capacités de votre enfant.

Ces enfants ne font jamais preuve d'insolence. Ils questionnent le monde qu'ils comprennent autrement. Alors, lorsqu'à une enseignante de maternelle, mon fils se permet de demander pourquoi il doit écrire ce qu'il a déjà expliqué à l'oral, on le pense insolent, voire souvent aussi, étrangement, incapable. Sans écrits, pas d'évaluation. Sans évaluations, les enfants sont-ils des inadaptés ?

Son comportement « perturbateur » nous oblige, forcés par l'enseignante en question, à le récupérer à l'heure du déjeuner et de ne surtout pas le ramener, s'il vous plaît, merci. On ne se sent pas du tout stigmatisé. C'est ironique comme remarque. La stigmatisation et le jugement s'invitent dans son cartable.

Durant ces affreuses années de maternelle, j'ai demandé une intervention de la psychologue scolaire afin d'être orientée, dirigée, conseillée. Je l'ai attendue plusieurs années. Notre fils était alors en CE2. Celle-ci ose me demander la raison de cette interpellation lors de notre unique entretien. De l'aide. Je voulais juste de l'aide. Je vais continuer à m'aider moi-même. Je vais continuer à lui créer des outils, à chercher ailleurs, plus loin, dans d'autres pays qui considèrent ces enfants.

Comme des élèves et pas une épreuve quotidienne.

Il y a des jours où j'ai eu l'impression d'affabuler quant aux difficultés de notre enfant, et ce malgré les bilans effectués, les diagnostics posés.

Par contre, on ne cesse de m'interpeller, MOI, sur ces matinées, puis ces journées tellement insoutenables qu'il leur fait vivre. Et vous, alors ?

— Mais, enfin, vous ne comprenez pas ? Il refuse d'écouter l'histoire. Il ne veut pas écrire son prénom dans un cahier. Et alors, les cubes… mais pourquoi ne veut-il pas les empiler ?

— Je ne sais pas ? Demandez à votre psychologue scolaire. Ah, non ! Pardon, elle n'a pas de temps à lui consacrer.

L'enfant rond qui n'entrait pas dans leur carré

Et chaque jour d'école, je supporte l'insupportable qui fait que j'ai honte de ne pas savoir éduquer mon enfant rond à rester dans ce maudit carré comme les autres.

J'ai honte de ressentir cette honte. J'ai honte de me laisser dicter mon comportement avec mon fils. J'ai honte de vous, adultes, formés à l'enseignement.

Ce harcèlement quotidien perpétuellement négatif est pesant. Il m'anéantit. Bienvenue dans le monde de l'école. Bienvenue dans ce monde où l'on prône les valeurs de la République sans les appliquer. Où est cachée la fraternité ? Est-il votre égal malgré sa différence ?

Une psychologue extérieure à l'école interviendra afin d'expliquer que le problème n'est pas sa maman et lui, mais l'enseignante avec lui.

Nous apprendrons aussi que cette enseignante souhaitait signaler le comportement de notre enfant avec des suspicions de maltraitances.

À cette époque, la protection de l'enfance est mon métier. Je suis une maman fragile, mais pas une professionnelle fragile.

Je pleure chaque soir, mais je ne montre rien le jour. Aucun signalement ne sera fait, car aucun élément ne peut l'étayer. Par contre, je peux démontrer leur inefficacité à répondre aux besoins d'un élève, aux demandes de soutien des parents. Absence de communication. Absence de réponses.

Ne me soutenez pas l'idée du manque de moyens et de temps, le manque de formation. Cela est inentendable lorsque l'on travaille dans le social comme moi. Se former ? Vous le pouvez, mais le feriez-vous sur votre temps personnel ? Les moyens ? Le temps ? J'en manque depuis des années. Cela ne m'a jamais empêchée d'affronter les difficultés.

Par Laetitia Cavagni

Votre métier est dur, mais vous l'avez choisi, sinon n'hésitez pas à enseigner à des escargots. Les escargots, ça ne bouge pas. Les escargots, ça ne questionne pas l'absurdité adulte. Ah non, ils sont lents comme mon fils. Je n'ai pas mieux à vous proposer.

Notre réactivité parentale fera que notre fils aura des bilans et des accompagnements rapidement organisés. Et pourtant, malgré cela, la réactivité du corps professoral est nulle. Le diagnostic de dyspraxie est posé. Il ne peut écrire correctement. Son intelligence est parfaite, voire trop grande pour certains enseignants. Il fait chier, lui aussi, à toujours demander le pourquoi du comment et le comment d'un pourquoi.

Et puis, il ne fait aucun effort d'attention ou de concentration. Parlez à des parents d'enfants TDAH et vous verrez que tous ont eu cette remarque absurde. C'est comme dire à un aveugle :

— Mais regarde un peu où tu vas, bon sang !

Je demande la mise en place d'un PPRE (plan personnalisé pour la réussite scolaire). Je découvre que le directeur de l'école primaire ne sait pas son utilité ni comment le formaliser… Vous m'excusez une minute, j'en ris encore des années plus tard.

Je suis face au directeur et à l'enseignant de mon fils. Ils pataugent pour remplir un papier absolument inutile pondu par quelqu'un qui devait trouver une idée « afin d'aider les enfants dans leur réussite scolaire ». Cela aurait été pourtant plus cohérent « afin d'aider les enfants dans leur échec scolaire ».

C'était malheureusement la direction que nous prenions.

Je cours partout avec un enfant différent, espérant toujours que ces suivis vont enfin le faire entrer dans ce carré. On a beau limer et lisser ces bords, il continue à être différent.

L'enfant rond qui n'entrait pas dans leur carré

Mais vas-tu cesser de faire ta mauvaise tête ? Fils de ta mère.

Nous en sommes à 3 ou 4 rendez-vous par semaine. Il fatigue. Il fait ce qu'on lui demande. Il n'en peut plus. Moi aussi. Je continue à pleurer chaque soir.
Impossible de le faire travailler. Il perd tout. Il casse tout. Rien ne va jamais pour l'école. Dans sa tête, ça se perd aussi, mais on ne sait pas où.
On passe un temps infini chaque dimanche à corriger ses cahiers. À réécrire.
Je précise que ce PPRE est censé acter des adaptations.
Un PAP (plan d'accompagnement personnalisé) prendra la suite du PPRE. Vous suivez ?
Ce plan est spécifiquement élaboré pour les enfants que l'on dit dys. Troubles dys. Tout le monde connaît, aujourd'hui. Dyslexie, dyscalculie, dyspraxie, dysphasie… dysconnerie… oups ! Ça n'existe pas.
Ce plan est accordé par le médecin scolaire. Il donne injonction à l'école de mettre en place les adaptations déjà prévues précédemment, mais jamais utilisées. C'est tellement compliqué de donner des photocopies couleurs, d'agrandir les schémas ou les cartes, et surtout de le laisser travailler sur son ordinateur pour lui éviter toute souffrance.
— Vous comprenez, Madame, les autres élèves le pensent privilégié. Ils sont jaloux.
Jaloux de ? De ses douleurs physiques à la main, au bras ? Des coups et des insultes qu'il subit depuis le CP ? De sa difficulté à faire le travail demandé dans le temps imparti ? Du fait de ne pas pouvoir aller jouer, car il doit aller chez la psychologue, chez la psychomotricienne, chez l'ergothérapeute, chez l'orthoptiste, chez l'ostéopathe ?

Jaloux de son incapacité à se vêtir correctement chaque matin et à supporter les moqueries de ses camarades ?
Jaloux de ses angoisses, de se sentir toujours en échec et inadapté ?
Est-ce que je peux écrire *Connasse* ? Car l'insulte me vient à l'esprit.

Et les parents, sont-ils jaloux de tout cet investissement financier que nous devons apporter ? Car ça coûte cher un enfant différent, surtout lorsque l'État vous refuse toute aide. Notre fils a beaucoup de capacités intellectuelles, donc il s'en sortira. Voilà la réponse des administrations.
Non, les parents se plaignent, car notre fils prend toute la place sur son bureau à l'école et ça dérange la gentille petite peste qui s'amuse à lui donner des coups de poing dans le ventre avant de rentrer en classe.
Il ne peut pas s'organiser. Il ne se repère pas dans l'espace ni dans le temps. Il ne peut pas faire ses lacets. Il ne sait pas où ranger ses affaires.
Par contre, il peut vous exposer la vie de Marcel Dassault, comment s'est formée la Terre et à quoi sert la météo ? Des savoirs inutiles, donc. La médiocrité humaine s'apprend déjà en classe. On peut me targuer d'exagération, certes, mais on ne peut m'accuser de ne pas avoir désormais le recul nécessaire à cette réflexion, car ce constat, de nombreux parents le font.
Je suis portée par des associations spécialisées[3] et j'accompagne aussi des parents d'enfants différents sur mon temps libre. Vous entendez, Monsieur et Madame de l'Éducation nationale, sur mon temps libre. Tout est question de choix.
Il y a des signalements abusifs, car un enfant qui va mal et qui ne travaille pas, c'est de fait de la responsabilité d'un parent.

---

[3] TDAH France – hypersupers (page Facebook).

L'enfant rond qui n'entrait pas dans leur carré

Je me souviens de cet enseignant lors d'une réunion éducative qui imitera notre fils. Celui-ci souffrait d'une agitation motrice incontrôlable. Bouger son corps canalise sa concentration.

Je le revois se lever et agiter ses mains afin d'allumer la lumière automatique de la pièce et cela en riant.

Je revois aussi l'expression atterrée du médecin scolaire et du psychologue scolaire qui, bien heureusement, n'était pas la personne précédemment décrite.

Vous pouvez notifier par n'importe quel support toutes les adaptations possibles et vitales pour vos enfants différents ; si l'autre ne veut pas entendre, il ne le fera pas.

Mon fils ne se sert pas des outils qui lui seraient pourtant utiles, car il a honte. Il est étouffé de questions. Il est étouffé sous le regard désapprobateur de ses enseignants. Il est épuisé psychologiquement des brimades constantes.

Les suivis le font évoluer. Il récupère des capacités. Il grandit. Il est mature. Il apprend à laisser la crasse glisser sur lui.

Parfois, il craque. Je vous mets au défi de ne pas vouloir éclater la gueule de tous ceux qui lui ont fait du mal.

J'ai craqué aussi. J'ai traité son enseignant de con et je l'ai formalisé par écrit.

J'ai indiqué au directeur qu'il n'est qu'un incompétent plus intéressé par se faire des copains parmi ses élèves que par s'en préoccuper.

Allez, viens, je vais te tarter la gueule à la récré et te jeter aux cochons.

CM1. L'ergothérapeute fait des séances directement à l'école pour alléger l'emploi du temps de tout le monde. Malgré l'accord de la mairie d'utiliser une salle sur un temps périscolaire, le personnel de l'enseignement fera son possible pour empêcher les séances de se dérouler correctement. Interdiction à l'ergothérapeute d'accéder à la salle. Interdiction à notre fils de déjeuner plus tard. Nous nous en plaignons, mais tout le monde s'en fout. Il rentre le soir chez lui et a faim.

Il nous faudra être diplomates et patients. Heureusement que cette ergothérapeute, et je l'en remercie, n'a jamais flanché.

Il bénéficie aussi du réseau RASED[4] avec un enseignant spécialisé. Cela lui permet de travailler sa confiance en lui en classe et surtout en groupe face à des élèves peu compréhensifs, voire immondes.

Son enseignante se plaint de cette intervention, car notre fils ne peut assister au cours d'anglais. Malgré cela, elle continue à le noter. Arriverons-nous un jour à éclaircir le mystère de la rigidité de l'enseignement en France ?

Il est un élève pour lequel on ne sait pas si ces années assis à son bureau lui ont appris quelque chose. Il sait lire et calculer.

Nous décidons, encore et encore, de nous adresser à une association d'enseignants spécialisés et hors milieu scolaire pour évaluer son niveau scolaire. La peur du redoublement et de le voir gâcher ses capacités.

Son niveau est celui de sa classe. Qu'est-ce qui l'empêche de le montrer ? Comment sait-il tout ça alors qu'on nous affirme qu'il ne fait pas grand-chose ?

Nous nous essoufflons. Nous devons décider de passer à l'étape suivante, qui sera une indication médicamenteuse. Tout cela en concertation avec un neuropédiatre.

Nous avertissons l'école de ce traitement, car des effets secondaires existent.

---

[4] RASED (réseau d'aide spécialisé) : enseignants spécialisés et psychologues interviennent auprès d'enfants en difficulté sur leurs apprentissages ou leur adaptation en milieu scolaire.

L'enfant rond qui n'entrait pas dans leur carré

Je reçois un appel en urgence de l'ergothérapeute présente ce jour-là à l'école. Notre fils ne se sent pas bien. Il a des tremblements.

Il est impossible de joindre l'école. Une amie y passera et nous rassurera sur le fait qu'elle a pu discuter avec notre fils à travers le grillage. Ses tremblements se sont calmés.

Nous ne sommes pas alarmistes, mais le neuropédiatre demande à ce qu'on le rappelle le lendemain. Il sera décidé d'un changement de médication.

Nos enfants TDAH prennent un traitement comparable aux propriétés pharmacologiques des amphétamines. Cela agit comme un psychostimulant. Je laisse les médecins vous l'expliquer.

Nous finirons par constater que sa concentration s'améliore. Son agitation s'apaise.

Nous avons entendu les risques à ne pas traiter ce trouble.

Je réussis, le soir même, à coincer sa maîtresse à la sortie de l'école, car, encore une fois, je prends sur mon temps de travail pour recadrer le carré dans le rond.

— Mais, il en joue. Il ne tremble pas. C'est de la comédie.

Ce jour-là, à cette grande maigrelette affreuse et arrogante, je signifierai qu'elle met la santé de notre enfant en danger. Je lui pose la question de sa responsabilité d'adulte.

Nous n'avons pas trouvé d'autres solutions que partir. Le changement de région fera le changement d'école.

Coups, insultes, moqueries. Mépris, humiliations, inconséquence.

Ce départ a conduit notre fils vers deux enseignantes de CM2 maternantes qui l'on enveloppé comme il le méritait. Elles n'ont rien lâché et l'ont poussé à ne jamais se cacher derrière ses difficultés. Elles étaient justes.

Elles ont su enrichir son intelligence. Elles ont créé un pont solide et rassurant vers lui-même en tant qu'élève. Elles ont lâché sa main à son entrée au collège il y a de cela deux ans. Je vais vous faire une confidence. Depuis, je les courtise pour que mes deux autres enfants soient dans leur classe.

Grâce à elles, il a participé à de magnifiques projets. Elles l'ont couvé, mais aussi révélé.

Le plus beau cadeau est ce concours dans les locaux d'Ariane France et la rencontre avec l'astronaute Thomas Pesquet. Je revois mon fils expliquer au présentateur de M6, Mac Lesggy[5], leur projet de fusée comme s'ils se connaissaient. Deux vieux confrères scientifiques.

Notre fils continue sa vie avec ses aléas. Il ne peut tout contrôler, mais il le sait. Nous restons encore son filet de sécurité.

À 13 ans, il peut me dire qu'il sait qui il est et qu'il est « normal ». Notion importante pour ces enfants-là, même si nous tentons de leur expliquer que cette notion n'a pas forcément de sens. Non ?

Quelle énergie m'a-t-il fallu afin de ne surtout pas le maltraiter alors qu'il l'était déjà par le système scolaire ? Je parle de maltraitance et même de négligence lorsque l'adulte ne protège pas, ne s'adapte pas et donne même le sentiment d'incapacité ou d'inutilité à un enfant. Cela est d'autant plus grave lorsqu'il s'agit de professionnels.

Je laisse le mot de la fin à mon fils, car ce sujet est encore particulièrement vivace pour lui et moi.

Ce combat dans cette scolarité n'est pas terminé. J'aurais pu m'épuiser à être procédurière en accablant constamment cer-

---

[5] *E=M6*.

L'enfant rond qui n'entrait pas dans leur carré

tains de ses enseignants ou je pouvais décider d'utiliser tous les moyens à ma disposition afin qu'il aille bien. L'intérêt de l'enfant avant tout. Visiblement pas pour tous.

Cette ancienne école et nous-mêmes nous sommes quittés avec soulagement et sans un mot.

Je pense aux enfants qui ont pris sa place sur sa chaise et je leur souhaite d'être courageux. De croire en qui ils sont.

« Bonjour,

Je ne vous donnerai pas mon prénom.

Mes premières années à l'école ont été un peu dures, mais après, c'est devenu plus sympa. Après que Cyril a été renvoyé de l'école.

Mes enseignants n'étaient pas très réceptifs et surtout stupides, sauf une. Je faisais du tennis avec elle.

Ils ne comprenaient pas mon handicap, et soit ils donnaient trop, soit pas assez.

J'ai changé d'école et de ville. Les profs étaient plus sympas.

Ça m'a appris la stupidité des gens.

Il faut apprendre à le dire, même si ce sont les adultes qui sont stupides. Mes profs actuels sont plus intelligents.

Je ne ferai pas la même erreur de ne pas en parler.

J'ai grandi. J'y suis arrivé. Je suis devenu plus intelligent. Je suis toujours resté gentil.

N'écoutez jamais les stupides. Essayez de vous faire des amis. Trouvez un enseignant qui vous comprend. Ça m'est arrivé.

Et les parents, faites attention aux profs et aux amis qui veulent profiter d'eux, de leur faiblesse.

Le plus dur est derrière moi.

Si j'ai besoin, maman et papa ont plein de confiance pour moi.

Noé »

Par Laetitia Cavagni

Le bébé blond devient un jeune homme qui sait parfaitement où il va, même s'il ne sait pas encore où il sera.

Aux enseignants pour lesquels cette profession n'est pas un sacerdoce, pour ceux qui n'aiment pas les enfants sauf les premiers de la classe, partez. Laissez donc votre place à ceux qui aiment apprendre de l'autre, même et surtout lorsqu'il s'agit d'un enfant.

S'il vous plaît, ne bousillez plus nos enfants, car vos comportements associés à celui de certains élèves que vous n'éduquez pas dans la solidarité et la bienveillance peuvent mener un enfant à se détruire.

L'Éducation nationale, c'est quoi ?

Par Inola Dedieu, *lycéenne*

Inola nous a fait parvenir ce texte que nous avons trouvé intéressant. Pertinent pour le collectif. Car qui mieux que les élèves peuvent parler du mammouth ? Nous vous laissons le découvrir et y réfléchir, sans en dire plus.

L'Éducation nationale, c'est quoi ?

Je vais généraliser : pour nous, élèves de première, l'Éducation nationale, c'est ce qu'on appelle « les vieux cons du système ». Vous me direz, pourquoi ce terme ?

Simplement parce qu'ils sont vieux, plus de cinquante ans pour la plupart, et qu'en plus de leur âge très avancé, ils nous imposent leur culture, littéraire autant que scientifique, sans la remettre au goût du jour.

Étant plus littéraire que scientifique, je vais vous parler majoritairement de l'apprentissage du français et des langues étrangères en France. J'aurais aussi à redire quant à la place de chaque nouvel enseignement dans la réforme, mais tout vient à point à qui sait attendre.

Le français et son apprentissage ont longtemps été délaissés au profit d'autres matières. Au lieu de nous apprendre la grammaire, l'étymologie et les conjugaisons, on nous a enseigné la littérature. La culture étant quelque chose d'assez important dans le monde d'aujourd'hui, je suis d'accord avec ce choix d'apprentissage ; toutefois, soyons honnêtes : le programme des œuvres à lire au cours de notre année scolaire ne fait généralement rêver aucun élève ! Force est de constater qu'à l'heure actuelle, seule une minorité de mes camarades lisent les livres imposés.

Eh oui, mes chers amis, Internet existe !

« Google est mon ami » est la phrase favorite des jeunes de nos jours.

Étant moi-même de cette génération, je peux vous certifier que ce n'est pas un euphémisme. Aujourd'hui, si ma prof me demande de lire et de rédiger un commentaire sur les *Lettres Persanes* de Montesquieu, je n'ai qu'à taper le sujet dans mon moteur de recherche et plusieurs résultats s'affichent, après, c'est simple : il n'y a plus qu'à se servir !

Toutes les réponses nous sont livrées, alors pourquoi se casser le cul à lire un livre que nous trouvons incompréhensible ?

D'ailleurs, si ce livre nous paraît incompréhensible, c'est justement parce que nous n'étudions pas suffisamment l'étymologie et le sens des mots.

Donc, oui, la lecture, c'est génial !

Ce n'est pas moi qui dirais le contraire : c'est de la culture, mais si vous obligez des jeunes à lire des œuvres datant de Mathusalem, qui plus est sans aucun putain de parallèle avec des textes ou des faits actuels, les élèves n'en auront strictement rien à foutre !

Dans nos têtes, Montesquieu est mort et enterré depuis longtemps, alors quel est l'intérêt de le lire ?

C'est déjà difficile de lire une œuvre imposée, alors si en plus, ça ne nous parle pas, c'est d'autant plus compliqué.

Fan inconditionnelle de Victor Hugo, j'adore le lire, mais les vieux écrits, il faut savoir être réaliste, ne plaisent plus aux jeunes d'aujourd'hui.

Nous avons des auteurs qui écrivent certainement de grands chefs-d'œuvre, mais on ne les repère pas, car justement, on reste tournés vers les morts. Je trouve que ça nous empêche d'apprécier la lecture telle qu'elle est : quelque chose qui se renouvelle et qui avance avec son temps. Les livres qu'on nous force à étudier ne nous donnent pas forcément envie d'en découvrir d'autres, au contraire, cela contraint certains à se fermer comme des huîtres et ne leur donne qu'une envie : arrêter le français, puisqu'apprendre le français, c'est apprendre la littérature !

L'Éducation nationale, c'est quoi ?

Je pense qu'à l'heure actuelle, si le monde des livres n'est plus aussi populaire qu'avant, c'est parce qu'on n'a pas su nous montrer ce que pouvait nous apporter la lecture. À l'inverse, on nous en a dégoûtés. Alors voilà, mettre la littérature en avant, c'est bien, mais j'estime aussi qu'il faut évoluer avec son temps et savoir se moderniser un peu. *Enfin, un peu beaucoup !*

Deuxième point très important et totalement mis de côté en France : l'apprentissage des langues étrangères. Je suis en première, et encore une fois, j'ai été choquée du niveau de mes camarades en ce qui concerne les langues étrangères. En effet, lorsque, l'an passé, j'ai intégré mon premier cours d'anglais au lycée, j'ai été surprise que ma prof reprenne les bases, mais j'ai été encore plus consternée de constater que certains de mes camarades ne les maîtrisaient pas. Nous sommes en première générale, on fait de l'anglais depuis la sixième et le prof est obligé de revoir les bases parce que certains élèves ne comprennent pas. La France est le pire pays d'Europe en ce qui concerne l'apprentissage de l'anglais ; nos voisins les Belges sont d'ailleurs bien meilleurs. Je me suis donc posé la question : pourquoi nous sommes si mauvais ?

Parmi les réponses que j'ai trouvées, il y a bien sûr le putain d'orgueil des Français : « Notre langue est la plus belle, elle est classe et chic, alors pourquoi faire l'effort de parler d'autres langues ? »

Nos dirigeants sont d'ailleurs très peu nombreux à maîtriser comme il le faut la langue de Shakespeare. Leur volonté exacerbée de protéger et conserver notre magnifique patrimoine qu'est la langue de Molière les pousse à ne vouloir converser qu'en français. Forcément, comme ce sont eux qui traitent, épiloguent, montent et créent nos programmes scolaires, cela ne nous aide pas à progresser comme il le faudrait en anglais.

Ce problème s'explique aussi par le nombre d'années d'études de cette langue et l'âge auquel on commence son apprentissage. Je fais partie des 2003 et j'ai commencé l'anglais au collège, ce qui est très tard pour apprendre une nouvelle langue, tout en sachant que l'année suivante, on nous en impose une deuxième. Ma génération a donc un grand retard en ce qui concerne l'anglais. Les classes étant plus que surchargées (trente élèves pour un prof), si l'on ne s'accroche pas, on peut vite lâcher prise et perdre pied.

Qui plus est, ce qu'on nous apprend ne nous aide pas du tout à savoir discuter avec les étrangers. On nous fournit un vocabulaire qui est la plupart du temps inutile dans une conversation orale.

Je pars en Espagne à chaque vacances d'été depuis quelques années et, bien sûr, je peux me présenter, être polie, commander à manger, mais je ne peux pas tenir une conversation avec ce qu'on nous apprend à l'école. Or les langues, on les apprend pour casser ces frontières qui justement nous empêchent de dialoguer ensemble. Selon moi, pour consolider les bases insuffisantes qu'on t'impose, il faut par toi-même prendre des initiatives et regarder tes séries en VO ou lire tes livres dans leur langue originale. En effet, en cours, on nous apprend davantage à nous exprimer à l'écrit plutôt qu'à l'oral.

Il en va de même pour toutes les langues qu'on m'enseigne, c'est-à-dire l'anglais, l'espagnol et l'italien…

Passons à un autre sujet qui pique et qui a fait naître de nombreux débats : j'en appelle à la réforme !

L'Éducation nationale, c'est quoi ?

Que dire de plus à ce sujet sinon que j'ai été contre dès le départ ?

J'ai d'ailleurs manifesté avec d'autres élèves contre ce changement ! Pour moi, cette réforme n'est rien de plus qu'une merde sortie tout droit du trou du cul de notre merveilleux gouvernement, gouvernement qui ne veut que se renouveler et feinter un intérêt envers l'éducation fournie aux jeunes du pays. Personne ne sait comment ça va se passer, même pas les investigateurs de cette grosse merde. Seulement, lorsqu'on impose une réforme d'un niveau éducatif, il faudrait peut-être la terminer avant de la faire appliquer. Cette réforme qui n'est pas achevée n'est qu'une ébauche dont nous serons les ratés. Nous sommes les cobayes d'une expérience débile qui, j'en suis sûre, nous portera défaut à l'avenir !

J'ai subi les deux réformes, que ce soit celle du collège ou celle actuelle du lycée. Ce que j'ai compris de la première, c'est que le brevet a perdu tout son sens. On préfère envoyer les élèves où ils veulent tout en sachant qu'ils vont se prendre un mur en pleine gueule. Alors, que faut-il attendre de la réforme du lycée, surtout quand celle-ci n'a pas plus de sens que la première ?

L'idée des spécialités était en soi une bonne chose, mais quel est l'intérêt d'en choisir trois pour en éliminer une en fin d'année ? Pourquoi ne pas bosser à fond deux spécialités qu'on garderait et mieux développer nos compétences dans celles-ci ? Au lieu de gagner une année de connaissances supplémentaires, nous en perdons une.

Non seulement on doit se donner dans une matière pour l'abandonner, mais en plus, le rectorat nous ajoute des examens dont le contenu est inconnu des professeurs jusqu'à la veille de l'épreuve. Les professeurs ne savent pas ce qu'il faut enseigner précisément aux élèves sur le déroulement de l'épreuve. Cet inconnu entraîne une bonne dose de stress chez les professeurs aussi bien que chez les élèves.

Nous ne sommes pas accompagnés pour appréhender les nouveaux examens imposés par le rectorat, mais nous sommes contraints de subir cette nouveauté non désirée.

Les E3C[6] ont été une épreuve pour tout le monde : profs et élèves ont été confrontés à l'inconnu sans y être préparés. Je pourrais même dire que l'année entière a été une épreuve pour tout le monde. Au début, il a été difficile pour tous de marcher dans l'inconnu de la réforme, et en fin d'année, le coronavirus a creusé les inégalités déjà présentes dans l'éducation faute de moyens financiers dans certaines familles.

La reprise promet d'être aussi compliquée que parsemée d'inégalités…

Ainsi, j'ai découvert le manque total d'écoute de la part de l'Éducation nationale envers les professeurs et les élèves. Je me suis rendu compte l'année dernière avec les grèves et les manifestations que notre gouvernement ne nous écoute plus. Si les réformes avaient été votées, aucune ne serait passée. La démocratie telle qu'on nous l'apprend dans nos cours d'histoire n'existe pas, tout est régi par le pouvoir.

Un directeur n'écoutera jamais un ouvrier, tout comme un ministre de l'Éducation nationale n'écoutera jamais un professeur ou un élève : tous préfèrent s'enfermer dans leur connerie. Nous ne sommes plus écoutés et les failles persistent à se creuser.

Nous ne communiquons plus, tout n'est qu'apparence et concurrence ; pour réussir, il faut être le premier.

---

[6] Nouvelle appellation des examens.

L'Éducation nationale, c'est quoi ?

Aujourd'hui, l'école nous pousse à l'égoïsme.
Aujourd'hui, l'école nous pousse à l'individualisme.
La société dans laquelle j'évoluerai sera façonnée par l'éducation qu'on nous aura donnée, avec l'expression « Marche ou Crève » pour credo.

À l'école, nous devenons intolérants à ce qui ne nous ressemble pas, et rien n'est fait pour améliorer ce fait, puisque l'État est le premier à éloigner ces différences. Le principal exemple qui me vient à l'esprit, c'est la mise à l'écart des jeunes à mobilité réduite ou des jeunes ayant des troubles du développement. Nous ne les aidons pas assez à s'insérer dans la société, puisque nous ne leur ouvrons pas vraiment la porte à l'éducation « normale » dans un établissement public. On leur verrouille l'accès à la sociabilisation.

J'ai des parents séparés et une famille recomposée des deux côtés. Le fils de ma belle-mère est autiste ; autiste, mais tout à fait capable de tenir une conversation ; autiste, mais tout à fait capable d'étudier comme moi. La seule différence que j'y trouve, c'est qu'il ne connaît pas le second degré. Vous l'aurez compris, rien ne l'empêche de vivre comme vous et moi. Si ma belle-mère ne s'était pas lancée dans tout un tas de démarches et de paperasse administratives afin qu'il ait le droit d'étudier comme n'importe quel jeune, il aurait sûrement été placé dans un centre spécial, un centre qui ne l'aurait pas aidé à s'insérer dans notre société et qui l'aurait enfermé dans sa différence.

C'est l'éducation qui est censée forger notre comportement dans la société, mais de ce que je vous ai dit, le gouvernement ne nous montre que de l'intolérance, de l'individualisme et un manque total de communication.

Par Inola Dedieu

Notre importance dans la société sera dictée par notre intelligence et nos moyens.

Qu'il est triste de s'apercevoir qu'on ne porte que peu d'intérêt à l'avenir du pays, car c'est ce que nous sommes ! Et pourtant, les valeurs transmises n'ont rien d'un idéal, ce que nous étudions ne nous apprend pas à vivre, nous étudions les erreurs du passé et remarquons qu'elles sont toujours d'actualité.

Nous vivons dans un monde d'hypocrites où tout est régi par le pouvoir et l'argent. L'information y est contrôlée, les programmes scolaires sont contrôlés, le gouvernement ne nous fait savoir que le strict minimum, informations contrôlées, et ne supporte aucune critique. Nous vivons dans une fausse démocratie qui convient à la majorité de la population, puisqu'aucun changement n'est d'actualité. Nous ne faisons que râler, nous les Français, qu'on soit élèves, qu'on soit adultes ou qu'on soit enfants, râler est la seule chose qu'on nous apprend. S'il y avait une école pour apprendre à râler, croyez-moi bien : l'État en sortirait premier !

J'ai malgré tout espoir en l'avenir, espoir qu'un jour (même si ce n'est pas notre génération), les gens arrêteront d'être cons et tournés vers le passé, mais qu'ils se tourneront enfin vers l'avenir sans oublier leurs racines et qu'ils arrêteront de tourner en rond.

Victor Hugo a dit : « *Je ne suis rien, je le sais, mais je compose mon rien avec un petit morceau de tout.* »

Et si telle était la clé qui ouvrait les serrures de l'éducation ?

La convocation

Par El Herrero, *écrivain*

Ce texte intimiste oscille entre témoignages et réflexions sur l'Éducation nationale, ici, plus particulièrement sur l'école privée. L'auteur relate deux évènements personnels, distants de plusieurs années, qui en disent long sur son ressentiment sur le sujet. Tranches de vie évoquées qui ne seront pas sans vous rappeler des souvenirs.

La convocation

Mon iPhone frémit. Un SMS. J'ouvre.

« Monsieur, vous êtes convoqué mardi à 17 h 30 par le directeur. »

Une convocation. Est-ce que j'hallucine ?

Non. Je suis bien convoqué par le directeur de ce collège privé catho de l'Ouest parisien, qui me coûte plus de deux mille euros par an. Collège dans lequel ma fille se rend tous les jours, sa mère ayant la phobie de l'école publique.

Donc, à 45 ans, alors que je dirige une petite société de presse, on me convoque tel un garnement qui a mal répondu au prof !

Tout a commencé avant-hier. J'étais à une réunion parents-profs. Il se trouve que ma fille, qui a 13,80/20 de moyenne en mathématiques, a une appréciation du style « petite moyenne ». En tant que parent d'élève et que client de ce collège, je dis bien client, vu que je paye, je me suis permis de demander des explications à l'enseignante.

— Pouvez-vous m'expliquer pourquoi 13,80 est une petite moyenne ?

— Je n'ai aucune explication à vous donner, c'est moi l'enseignante.

— Pouvez-vous m'indiquer la moyenne de la classe ?

Sourire ironique...

— Ah, vous n'avez pas lu le bulletin, apparemment... La moyenne de la classe est de 11.

— Donc, expliquez-moi comment une élève qui a 2,80 points de plus que la moyenne de la classe a une petite moyenne.

— Vous n'êtes pas enseignant, c'est moi qui suis souveraine dans mes appréciations, je connais mon métier.

Il n'en fallait pas plus pour que je m'emporte... Que je hausse le ton...

— Non, Madame, vous ne connaissez pas votre métier ! Je peux vous l'apprendre ! J'ai aussi été enseignant ! Et pour une enseignante de mathématiques, vous ne maîtrisez visiblement pas la notion de moyenne ni d'écart-type ! Vous en avez après mon enfant, c'est tout ce qui en ressort !

L'enseignante a arrêté le rendez-vous et m'a demandé de sortir. Ce que j'ai préféré faire, prenant sur moi pour ne pas aller plus loin.

Et voilà donc la cause de cette convocation devant le directeur.

Que vais-je lui dire à cet homme ? Que son enseignante est partiale ? Qu'elle ne sait pas calculer ? J'aurai toujours tort, de toute façon.

Cette convocation dans ce collège privé n'est pas sans me rappeler une autre convocation, une bonne trentaine d'années plus tôt.

Que voici :
Un collège privé catholique aussi. Années 80. Une autre époque, où la mixité des classes n'était pas tolérée. J'avais 13 ou 14 ans. Je n'avais pas encore fait de musculation ni de sports de combat. J'étais encore un enfant quand d'autres ressemblaient déjà à des adultes. Dans cette classe, il y avait deux grands gaillards de 15 ans au moins. L'un d'eux était le fils d'un chirurgien très connu du département. L'autre, le fils d'un notable du coin. Même taille, plus d'un mètre quatre-vingt. Ces deux fils de bonne famille étaient en fait deux crapules qui terrorisaient la classe.

Alors qu'un prof était absent ce jour-là, et malgré le fric que payaient mes parents pour cet infâme collège où le prof de sport nommait tous les bruns « Mohamed », les élèves étaient laissés

La convocation

sans surveillance. Une trentaine d'adolescents mâles, bourrés de tabous, livrés à eux-mêmes dans une salle de classe. Classe qui ouvrait sur une petite remise où les profs entreposaient craies, rétroprojecteurs et autres denrées aujourd'hui disparues des salles de cours. Les deux crapules engaillardies ont soulevé un des gamins, l'un l'attrapant par les pieds, l'autre par la tête, puis l'ont transporté dans la remise en question, fermant la porte. Nous avons entendu hurler. Puis plus rien. Personne n'est venu. La classe était soudainement silencieuse. Quelques minutes qui semblaient durer des heures.

Puis ils sont sortis.

Les cheveux ébouriffés. Les visages satisfaits. Triomphants. L'un d'eux avait son pantalon tombant au-dessous des genoux. Il l'a remonté fièrement. A fermé sa braguette. L'autre, le plus costaud, le fils du chirurgien, s'est alors approché de moi. Pendant ce temps, le pauvre gosse est sorti de la remise. S'est assis. En pleurs. A mis la tête dans ses bras. A continué de pleurer.

Le fils du chirurgien m'a regardé. Fixement. Il m'a dit :

— Le prochain, c'est toi.

Je me suis levé, je lui arrivais à l'épaule. Je lui ai donné un crochet du droit qui l'a à peine ébranlé. Il m'a alors soulevé et m'a posé sur une table. Sans me toucher davantage. Juste en me fixant comme un chasseur regarde sa proie à sa merci avant de l'exécuter.

J'ai sauté de la table, suis sorti de la classe en courant. J'ai couru, couru dans ce couloir pourri, à la peinture verdâtre arrachée. Personne ne me poursuivait. J'ai couru. Forrest Gump n'existait pas, je ne peux pas dire «cours, Forest, cours», mais c'était un peu ça. Arrivé devant la grille du collège, je l'ai escaladée.

J'ai couru dans la rue. Une rue déserte de province à 10 h du matin. Suis entré dans le bar face au collège. Un billard américain. J'avais une pièce dans la poche. Cinq francs. Assez pour jouer une partie de billard.

Les boules sont sorties dans un vacarme qui m'a paru assourdissant alors que ce n'étaient que des boules de billard. J'en ai pris une. Discrètement. Dans la poche. Suis sorti du bar. Le serveur m'a demandé si tout allait bien, j'ai répondu par l'affirmative. Et j'ai dit que j'allais chercher mes potes au collège pour venir jouer.

Personne dans la rue. J'ai retiré ma chaussure. Puis ma chaussette. J'ai placé la boule dans la chaussette. Au fond de la chaussette. Ai dissimulé le tout dans la poche de mon caban bleu marine à boutons pression. J'ai remis ma chaussure. Suis retourné à la grille du collège. C'était la récré. Je suis entré dans le flot.

Suis retourné vers la classe. Dans le couloir, le bourreau. Il était avec ses potes. Il ne me regardait pas. Ils étaient debout. Riaient. Je me suis approché de lui. Ai pris ma chaussette : mon arme. Lui ai tapé sur l'épaule :

— Tu as dit que le prochain ce serait moi ? Jamais, tu entends... Jamais...

Je sors alors la chaussette de ma poche. La brandis et la dirige à toute vitesse vers son crâne. Un de ses potes a le temps de l'arrêter, mais il a été touché. La vitesse ayant été freinée par l'arrêt de son ami, il est resté debout. Rien de grave, mais il savait alors que le suivant ne serait pas moi.

Les pions sont arrivés.

Et la suite... Ce dont je me souviens, c'est une convocation de mes parents chez le censeur. Quel terme horrible au sein de l'École. Censeur. Aujourd'hui, on dit principal adjoint. Mais la censure a-t-elle changé ?

La convocation

Le censeur était un petit vieux. Bossu. À la voix faiblarde. Mes parents lui ont tout expliqué. Le chirurgien, grand notable du coin, n'a pas porté plainte, son fils s'en étant tiré avec un simple hématome. Mais le censeur a dit que j'étais viré, sans même un conseil de discipline. Et le salaud ? Inquiété ? Pas le moins du monde. Omerta.

Je ne sais pas qui fut le prochain ni s'il y eut un prochain, mais quelques années après, j'ai croisé sur les bancs de la fac le pauvre gosse devenu jeune adulte qui fut la victime de cette matinée d'enfer. Il n'a jamais voulu parler de cet épisode. Il m'a juste dit qu'il était devenu homosexuel. Comme si cela était une punition qu'il s'est infligée.

Non, je ne peux me rendre à cette abjecte convocation. Je ne vais pas annuler tous mes rendez-vous pour ce connard moyen de directeur de collège. Ce censeur.

Sa mère ira seule.

Elle ira. Car voulant y aller.

Elle en sortira en pleurs, car il exigera que je m'excuse sans quoi ma fille serait virée en pleine année scolaire. Je me fendrai de cette lettre d'excuses. La mort à l'âme. Mon enfant avant ma fierté. Avant mon ego. Avant ma pensée vis-à-vis de cette injustice. Une de plus. L'école.

Éducation nationale et petites cases

Par Laure Enza, *auteure*

Laure Enza est une nouvelle auteure de la maison, dans la collection My Feel Good. Elle offre au lecteur ce texte avec pour fil conducteur les aberrations administratives et humaines dont se repaît le mammouth. Vous pouvez aussi la retrouver sur notre magazine littéraire L'Édredon, *où elle publie régulièrement des articles.*

Avertissement : ce texte est un témoignage, toute ressemblance avec des personnes, des lieux ou des institutions ayant existé est avérée et assumée.

Note de l'auteure : l'usage abusif de sigles est indépendant de notre volonté.

Éducation nationale et petites cases

Le 11 septembre 2001 est une date malheureusement gravée dans la mémoire collective et je le déplore. Mais pour moi, c'est aussi une date qui a marqué un effondrement plus intime. Le genre de collision qui augure l'explosion d'un système idéal. Le jour où la maîtresse de CP vous attend devant la porte après une semaine seulement de rentrée scolaire. Les mains sur les hanches, les sourcils froncés, elle vous claironne, sans préambule, d'aller voir un psychiatre, car votre fils aîné est « *anormal* », sûrement « *autiste* ».

Quoi ?

Petit garçon tout mignon qui à l'âge de trois ans savait additionner et vous récitait l'alphabet, même à l'envers ? Mon Lorenzo qui, à cinq ans à peine, connaissait sur le bout des doigts la nomenclature des dinosaures (vous arrivez à épeler « *parasaurolophus* » du premier coup) ? Moi qui pensais que l'Éducation nationale allait apporter à mon fils la nourriture indispensable à sa curiosité insatiable, voilà qu'elle le recale de prime abord ? Vous imaginez ma réaction : les bras m'en tombent (au figuré, bien sûr, car j'en ai encore besoin pour témoigner par écrit). Ce jour-là, donc, s'écroule un pan de ma confiance en la sainte école de la République : moi qui croyais que mon fils y recevrait une manne à la mesure de ses capacités intellectuelles !

Je vous entends déjà ricaner, vous allez me dire que, comme toutes les génitrices, je trouve mon fils formidable et surdoué. J'en conviens, mais je ne capitule pas pour autant : quelques indices indépendants de ma volonté ou de mon amour maternel témoignent, comme les remarques des médecins scolaires sur ses capacités phonologiques « *hors du commun* » (carnet de santé à l'appui). Rien ne laissait présager cette classification détonante pour un enfant qui détonne : « *anormal* » (je vous entends déjà ergoter, ce terme est synonyme de « *hors du commun* » ; en un sens, l'institution a sûrement raison).

Je dois avouer, à mon corps défendant, que j'aurais pu percevoir quelques indices de « *différence* » chez mon fils avec une acuité moins maternante. En classe de moyenne section, il revenait avec des « *bonshommes pas contents* » (notation des enfants en maternelle, un temps où l'école n'est pas obligatoire, mais où la nomenclature en émoticônes ou points de couleur se fait déjà). Je vous entends grincer des dents : ce n'était donc pas l'élève parfait, tant s'en faut ! En effet, quand il fallait tracer une page entière de lignes droites, il en faisait quelques-unes pour montrer qu'il avait compris, puis sur le reste de la feuille, il écrivait des mots bâtons. Je ne m'en inquiétais pas, au contraire, je riais du conformisme de la maîtresse qui se cantonnait à la « *mauvaise note pour non suivi de consigne à la lettre* » sur les lettres déjà acquises d'un enfant de 4 ans. À l'époque, je me contentais d'emmener mon fils au parc après l'école, je ne voulais surtout pas l'abreuver de leçons supplémentaires par peur de passer pour la maman-prof hystérique. Chacun son métier et les petits moutons seront bien gardés. Bref, je ne m'inquiétais pas, j'avais confiance : l'école publique, telle une Amalthée généreuse, allait nourrir mon enfant mieux que je ne l'avais fait de mon propre sein (au sens propre) !

Pour filer la métaphore champêtre, j'occultais le fait que l'école est une moissonneuse-batteuse collective qui formate des ballots calibrés. La maîtresse s'est chargée de réparer cet oubli en un tournemain, le Cours Préparatoire a sonné le glas de l'entrée en âge de raison (pour la mère, pas pour le fils).

Éducation nationale et petites cases

Comment faire quand son enfant ne correspond pas aux attentes de l'institution, quand il n'entre pas dans les cases ?

On lui tord le cou, on lui coupe un membre, on lui colle une baffe ?

Comment encaisser le classement sous l'étiquette « *élève en difficulté* » après une semaine seulement de collectivité ?

Quel est l'impact du mot « *anormal* » pour l'enfant qui le reçoit en pleine figure ?

Là encore, je vais vous remettre dans le contexte. Maman est fille de militaire et, en public, elle ne remet pas en doute la hiérarchie, la parole d'une personne aussi respectée qu'une maîtresse détentrice du savoir et d'un diplôme (de catégorie B à l'époque). Maman est également professeure certifiée de lettres modernes dans un collège de ZEP (oups, l'acronyme de dinosaure : Zone d'Éducation Prioritaire, du siècle dernier), alors les « *élèves en difficulté* », on peut dire qu'elle en a tâté plus qu'à son tour (au sens figuré, je rassure les sadiques) ! Donc, ma réaction de façade est très polie et aussi stratégique ; après tout, nous faisons partie du même « *corps* », nous allons nous serrer les coudes et porter ce petit bout de chou à bout de bras. La maîtresse a un *a priori* sur mon rejeton, je ne vais pas empirer les choses en lui cassant les dents et la ligotant dans mon coffre en vue de la jeter dans le Rhône... Non, je vais prendre rendez-vous chez le pédopsychiatre. Elle aura une preuve de ma coopération et j'aurai de quoi m'appuyer sur un discours de professionnel à propos des capacités de mon héritier.

J'ai, à l'époque, une forte résistance contre les tests de QI, je me dis que tous les parents qui ont des « *enfants à problème* » en font des surdoués (petit réflexe condescendant de professeur de l'Éducation nationale que je suis, alors ?) et je refuse d'entrer dans la case proprette : pas de test pour mon Lorenzo, une simple consultation témoignera de sa bonne santé mentale. Vous ai-je déjà dit que ma foi en l'institution confinait à la niaiserie ? Je retourne à l'école, armée du compte rendu de ma visite chez un des plus grands pédopsychiatres de Lyon, qui a trouvé mon fils « *normal* » et « *très intelligent, ayant une bonne mémoire* », qui n'a pas besoin de « *thérapeutique psychothérapique* ». Je vous vois venir avec vos remarques sur le prix exorbitant de la consultation, je n'ai pas soudoyé le spécialiste. Forte de mes résultats écrits noir sur blanc, je retourne voir la maîtresse qui ne l'entend pas de cette oreille, ou au sens propre : ne le voit pas du bon œil. Pour elle, les grands spécialistes « *n'y connaissent rien au système scolaire* » et elle me dirige vers le CMPP (à vos souhaits, Centre Médico-Psycho-Pédagogique) du quartier.

La maîtresse garde son *a priori* : « *j'aurais dû me douter que ce petit poserait des problèmes, c'est lui qu'on a perdu l'année dernière pendant la visite de l'école primaire par les maternelles !* » Perds-je encore mes bras à cette annonce ? Ah ben non, ils sont solidement arrimés, j'en ai besoin pour étrangler, secouer, frapper (au sens figuré, encore) ! Vous avez perdu mon gosse et vous n'avez rien dit ? Bah non, l'essentiel, c'est qu'on l'ait retrouvé caché sous un bureau, où il a passé la journée, non ? Voilà la place de votre fils, puisque vous vous entêtez à le croire intelligent : sous le bureau, au fond de la classe, près du radiateur, en retenue à chaque récréation. Et aucun dinosaure de la création, aucun théorème, aucune poussée d'Archimède ne viendra l'en déloger : pendant deux ans, Lorenzo ne fait aucun apprentissage à l'école.

Refus de lire en public, refus de participer, refus de montrer ses acquis ou ses capacités. Face à ce comportement, et je les comprends, les maîtresses disent qu'il est « *anormal* », « *limité* », « *asocial* », termes prononcés devant un enfant qui semble ne pas réagir, si ce n'est en se repliant sur lui-même. Il a été habitué aux « *bonshommes pas contents* » quand il montrait son savoir-faire. Il a donc décidé de ne plus rien montrer du tout. C'est une réaction qui fait un peu huître, je vous l'accorde. Il est plus malin que sa mère qui fait des ronds dans l'eau ou que la maîtresse qui veut noyer le poisson. Il élabore la stratégie du sous-marin : il s'inscrit tout seul au « Lyon Olympique Échecs » et devient champion régional dans sa catégorie. Il est le chouchou de son professeur de piano, car le solfège l'emballe. Bref, il se nourrit ailleurs, en solitaire, indifférent aux évaluations, aux notations, aux humiliations du système scolaire.

Je reste persuadée que la société dans laquelle nous vivons produit elle-même une partie de ses élèves « *en difficulté* » : l'école laïque de la République est perçue comme une enclave dans la vie réelle, où les savoirs sont distribués de façon quasi religieuse, avec des programmes sanctifiés, des contenus scolaires abstraits, pondus par des pontes. Chacun y va de sa réforme, de sa méthode, en un éternel recommencement à la Sisyphe, épuisant pour les enseignants et les élèves qui le perçoivent comme un parcours du combattant. La prescription des savoirs est non négociable, venue des hautes sphères, inaccessible à la contractualisation. L'insistance sur les aspects formels, la hiérarchie des connaissances, la division en matières, le refus de l'imagination, l'évaluation négative continuent de broyer les individus non formatés.

L'apprentissage du programme scolaire est entièrement fait à la maison pour Lorenzo, en sus de sa présence journalière à l'école. Ce qui signifie que ce n'est pas le contenu qui est un problème pour cet enfant, mais le contenant. Quand je rentre de mes journées sportives au collège (à éviter le planter de compas, la défenestration pour un regard en biais ; non, je ne suis pas prof de lutte, même si j'inculque la langue de Molière à coups de dictionnaire sur la cervelle…), je me penche sur le pro-

Par Laure Enza

gramme de l'école primaire avec mon fils « *attardé* » qui apprend les doigts dans le nez (au sens figuré, comme sa mère).

Comme je reste un irréductible petit soldat, je veux que mon fils s'adapte, je veux qu'il fraye avec ses semblables, je cherche l'origine des « *difficultés* » comme si elles faisaient partie intégrante de mon enfant, je suis les consignes pour essayer de plier mon fils aux *desiderata* du corps enseignant : je conduis Lorenzo au CMPP à raison de deux consultations hebdomadaires en groupe de psychologues et une mensuelle avec le pédopsychiatre (tout ça avec petit frère et bébé sœur dans la poussette, à la queue leu leu). Ce suivi, sans aucun dialogue avec les parents ou l'enseignante, n'apporte aucune amélioration dans le rapport de Lorenzo avec l'école. Je suis considérée comme la marâtre intrusive et Lorenzo comme un « *patient* », et non plus comme un « *élève* » ! Glissement subreptice vers la folie, un des apanages de la différence. C'est comme si une institution incompétente jetait bébé et l'eau du bain dans les griffes d'une autre institution, vous ne trouvez pas ?

Ce manque d'échange avec les professionnels me choque, non seulement en tant que maman, mais parce qu'en parallèle, je suis professeur dans un collège où les professeurs ont du vingt Lorenzo par classe au compteur dans un endroit qu'on qualifiait naguère de ZEP et aujourd'hui de REP (Réseaux d'Éducation Prioritaire contre Zones d'Éducation Prioritaire, situés dans une ZUS ! Zone Urbaine Sensible, zus suis d'accord, z'en rajoute pour le plaisir). Je ne suis pas sûre que les changements de sigles améliorent la condition de l'élève en difficulté, mais force est de constater que l'Éducation nationale veille au confort de ses pupilles et ne fait pas que jongler avec les acronymes. Être en REP est un privilège : les élèves et les équipes éducatives bénéficient de dispositifs qui réduisent les inégalités

Éducation nationale et petites cases

et améliorent les résultats scolaires : une classe avec moins d'élèves, un soutien spécifique, des financements pour effectuer des projets, des sorties, du travail interdisciplinaire, des moyens supplémentaires sont également humains avec en sus un « assistant de prévention et de sécurité », un infirmier scolaire et un assistant social. Quelle panacée ! En outre, les professeurs ont des avantages destinés à fidéliser les équipes et éviter les mutations à tout bout de champ. En effet, la continuité pédagogique est essentielle pour combattre les difficultés scolaires. Ce régime conviendrait bien à tous les petits Français, dans le meilleur des mondes, mais pour des raisons de budget, il faut classer les difficultés en zones, en réseaux, en cases.

Vous comprenez maintenant pourquoi j'ai ce réflexe bizarre d'être partie prenante dans l'éducation de mon fils en difficulté ? Pourquoi, malgré les retours de volée, je reste persuadée qu'une solution existe pour que mon fils trouve sa place à l'école ? Je suis une irréductible fonctionnaire de l'Éducation nationale, je veux que le système fonctionne ! J'essaie de motiver la maîtresse de Lorenzo, je lui parle de mon travail et de mes collègues qui s'activent en réunions pédagogiques diverses, cahiers de vie, rédaction de fiches de suivi, et je tente de pincer chez elle la corde de la « *solidarité de corps* ». Allez, ma bonne dame, entre collègues, on se comprend ? Réponse de la maîtresse quand je lui demande un petit topo écrit que je pourrais faire parvenir aux psychologues que je consulte sur sa demande expresse : « *Vous croyez que j'ai que ça à faire ?* » Continuité pédagogique quand tu nous tiens !

La première année, j'ai cru que la maîtresse n'aimait pas mon fils, car elle était très reconnue dans son établissement et l'attitude hermétique de Lorenzo représentait un échec pour elle : elle n'a pas réussi à lui apprendre quoi que ce soit et cela devait la laisser démunie. Les années suivantes, j'ai compris que ce n'était pas une histoire de personne ou de petit ressenti individuel : j'ai constaté que les maîtresses, quel que fût leurs rapports avec Lorenzo, n'étaient en aucun cas formées à former un enfant différent « *mais pas trop* ».

Le terme « *élève en difficulté* » sous-entend d'une part que la difficulté constatée est clairement définie, et d'autre part qu'elle appartient à l'élève, qu'il la porte en lui. On oublie bien vite que cet enfant différent est mis en relation avec des enseignants qui, de fait, sont « *mis en difficulté* » dans leur façon de dispenser le savoir. La difficulté n'appartient plus seulement à l'élève, mais constitue la caractéristique principale des interactions entre élève, enseignant et savoir. Par conséquent, il faudrait oser considérer ces enfants comme des élèves qui sont et qui mettent l'adulte « *en difficulté* ».

Les enseignantes de Lorenzo, devant cet élève en difficulté qu'elles ne cernent pas, n'ont de cesse de réclamer des tests de QI, persuadées qu'il est sous-développé. Ces fameux tests auxquels je résiste depuis deux ans pour contrer la norme. Alors que mon fils est en CE2, j'apprends par hasard que sa maîtresse a demandé à une éducatrice spécialisée de le tester, dans l'espoir de lui faire intégrer une CLIS (hop, encore un acronyme dont vous êtes maintenant friands, j'en suis sûre : Classe pour l'Inclusion Scolaire, destinée aux enfants en situation de handicap). Dans notre société, on propose des solutions pour les enfants en difficulté : mais ce sont des systèmes qui continuent de les coller dans des cases. On les range dans des tiroirs précis, quand ils ont une difficulté identifiée. La CLIS a pour louable vocation d'accueillir certains élèves dans des écoles ordinaires afin de leur permettre de suivre un cursus scolaire : ces élèves présentent un retard mental global, ou des difficultés cognitives électives, des troubles psychiques graves, des troubles graves du développement, des troubles auditifs ou visuels importants, une déficience motrice grave ou un trouble de la santé invalidant. La classe est prise en charge par un professeur des écoles spécialisé.

Une situation de handicap n'implique pas nécessairement une scolarisation en CLIS. Au contraire, dans la mesure du possible, l'enfant concerné sera scolarisé en classe ordinaire, avec éventuellement un accompagnant des élèves en situation de handicap (AESH, anciennement nommé auxiliaire de vie scolaire, AVS, je vous avais prévenus de réviser votre alphabet !). C'est une personne qui s'occupe de la socialisation, de la sécurité et de l'aide à la scolarisation. Tout cela semble formidable sur le papier et la France fait de gros efforts, on le voit. Mais pour bénéficier de ces aides, il faut correspondre à des normes, entrer dans des formats, passer en commission, bénéficier de l'aval des autorités, entrer dans la bonne case.

Les méthodes abusives de la maîtresse me choquent, une fois encore, et une fois encore, je remballe bazooka et nunchaku pour éviter que Lorenzo ne soit pris en double grippe. Je l'emmène chez une psychologue et un neurochirurgien. Je fais toujours ce qu'on me dit, je suis une bonne élève (comme la plupart des professeurs, puisqu'ils ne réussissent même pas à quitter les bancs de leur école chérie une fois adultes) : comme vous vous y attendez maintenant, Lorenzo passe les tests brillamment, il a un QIT « *supérieur et homogène* » de 136 (profil obtenu par seulement 6 % de la population, en voilà encore une drôle de case, le pourcentage). Pas de chance, il ne pourra bénéficier de toutes les organisations mises en place pour les enfants en situation de handicap que lui faisaient miroiter les maîtresses.

Les spécialistes s'entendent pour dire que Lorenzo est un enfant précoce, mais qui n'a pas confiance en lui (on se demande pourquoi ?) : ses capacités intellectuelles sont surdéveloppées par rapport à ses capacités affectives. Les propositions de l'Éducation nationale comme le saut de classe ou le redoublement ne sont envisageables ni l'une ni l'autre pour un tel profil. S'ensuit une liste de consignes destinée aux enseignants : « *Il devra être entouré d'une équipe compréhensive, réconfortante et stricte.* » Tiens, cela me fait penser à ce que j'effectue avec mes collègues auprès de mes adolescents azimutés. Bien décidée à rallier les enseignantes à ma cause, je contribue à élaborer un dossier médical en lieu et place de dossier scolaire. Une fois encore, mon optimisme confine à la naïveté la plus désarmante, à mon âge ! Forte de ma paperasse officielle, je retourne à l'école toute guillerette ! Réponse de la maîtresse : « *Oh, ben, vous savez, avec Internet et la télé, maintenant, tous les enfants ont un fort QI. Vous devriez consulter la psychologue scolaire, elle sait mieux.* » Compréhension et réconfort, les deux mamelles oubliées d'Amalthée !

Bon, à ce stade, mes bras ne peuvent plus tomber. Ce qui tombe définitivement, c'est ma confiance en l'Éducation nationale. À l'époque, on ne parle pas encore d'écoles Montessori idylliques et hors de prix. Il y a bien un institut spécialisé à Lyon, mais la sélection pour les classes de 16 enfants porte la barre à un QI de 150. Décidément, mon fils n'entre dans aucune case, si dorée soit-elle. Quitte à perdre du temps et de l'argent, je prends les choses à bras le corps (vous voyez que j'en ai besoin de ces bras) et un congé sabbatique. Inutile de faire une journée en présentiel sans résultat et une journée de classe le soir entre la poire et le fromage. Je déscolarise mon fils pour une instruction à domicile (aucune réunion pédagogique à ce sujet, juste un coup de téléphone de la directrice de l'école : « *Vous vous sentez d'assumer ? Allez-y et bon débarras !* » J'extrapole, vous l'aurez compris !).

Éducation nationale et petites cases

En trois mois, Lorenzo effectue tout le programme de CE2 et réussit les évaluations nationales à 85 % en maths et français (effectuées en classe, hein, je vous vois mettre en doute mes capacités à corriger des divisions à virgule !). Comme mon but n'est pas de couver éternellement mon oisillon et que je suis la reine de la sociabilisation (demandez aux bancs dans le parc, je parle même avec eux), Lorenzo retourne en CM1 (fort de ses résultats nationaux qui empêchent le redoublement dont on nous menace chaque année telle une épée de Damoclès en papier sur le destin de mon cancre).

Grâce à quelques gouttes de neuroleptiques, Lorenzo fait des efforts d'adaptation... Ça y est, je vous entends pousser des cris d'orfraie : « *Quoi ? Tu as laissé un neurochirurgien droguer ton fils pour qu'il se coule dans le moule ?* » Bah, il ne se taillade plus le pantalon ou les cheveux pour prendre de vitesse ses camarades, il commence à écrire sur ses cahiers, nous sommes anéantis par la norme, broyés par le système. Les maîtresses exigent un suivi orthophonique, ce que les orthophonistes refusent de faire, arguant qu'il n'en a pas besoin (« *lecture de logatomes efficiente : 18/20, conscience phonologique exceptionnelle : 20/20* », j'adore les citer dans leur jargon !). Mais à l'école, Lorenzo est considéré comme un cancre et n'a jamais la moyenne. Que faire face à une telle dichotomie ? Dans la « *vraie vie* », Lorenzo continue de dévorer des livres, de pratiquer des activités extrascolaires variées dans lesquelles il semble s'épanouir : échecs, natation, piano, kung-fu. Cependant, il n'arrive pas à s'intégrer à l'école où il est considéré comme un « *attardé* » parce qu'il reste silencieux dans son coin toute la journée.

En CM2, on nous somme de le faire suivre par une graphologue (résultats normaux, vous vous en doutez ? Je vous fais

Par Laure Enza

grâce du compte rendu). Nous arrivons cahin-caha jusqu'au collège, où la situation s'améliore légèrement. J'essaie de ne pas prévenir à l'avance de son « *cas* » (vous avez vu comme je parle de mon propre fils, comme la norme me happe ?) pour ne pas lui mettre la fameuse étiquette, collante, violente, persistante. Mais j'entends lors d'un conseil de classe (eh oui, en bon petit soldat soucieux d'aider, je suis parent délégué, mais je ne porte pas le nom de famille de mon fils) : « *Lorenzo ! Alors lui, c'est un cas, il paraît que sa mère est prof de français, elle a dû le dégoûter et lui faire des dictées quand il était bébé à tel point qu'il n'écrit plus !* » Il faut savoir que les conseils de classe se passent devant les parents d'élèves, et surtout les élèves délégués de classe. Petit moment jouissif, le lendemain, quand je prends rendez-vous avec la prof principale pour me présenter et parler du passé scolaire chaotique de mon fils. Les étiquettes ont la Super Glue persistante.

Bref, je vous passe le second cycle ; malgré tous les écueils, j'ai tenu mon fils à bout de bras (encore eux !) jusqu'à ce qu'un directeur de grand lycée privé (j'ai fini par quitter mes collégiens sensibles pour travailler au CNED, allez, encore un petit dernier : Centre National d'Étude à Distance) me menace de renvoyer Lorenzo, élève non conforme. Après des années de galères, après moult changements de directions, redoublements, atermoiements, j'ai voulu faire saute-mouton par-dessus la difficulté. J'ai fini par éructer : « *Lorenzo, tu iras vendre des hamburgers chez (bip), je baisse les bras !* » C'est alors que le directeur m'est tombé dessus, à bras raccourcis, en me traitant de mère indigne qui allait faire de son fils un « *élève décrocheur* » ! Il ne fallait surtout pas entrer dans la case des décrochés et le pourcentage des exclus du système. À force de compromis, de réorientation, d'obstination, Lorenzo a obtenu un bac à l'âge de 21 ans, sans jamais trouver un enseignement à sa mesure. Il fait partie du pourcentage ronflant des élèves qui ont réussi, il a décroché un sésame sans rapport avec son entrée dans la vie active, sans rapport avec sa personnalité ou ses aspirations. Le parcours du combattant a pris fin.

À présent, je voudrais étayer ce témoignage, car il m'est sorti des entrailles et on croirait que je raconte juste l'histoire de mon fils, pourtant, c'est bien une histoire de case que j'illustre. Nous sommes arrivés au point où mon argumentaire de maman se superpose à mon expérience de professeur. Certes, lors de mon antique formation à l'IUFM (Institut universitaire de formation des maîtres, et paf, encore un qui a disparu), après cinq longues années purement littéraires, j'ai eu droit à 6 royales heures de formation en psychologie (annuelles, je précise pour les irréductibles optimistes qui auraient pensé hebdomadaires) ; sortir des clichés de la représentation de l'élève lambda n'est pas une sinécure. Durant toute la scolarité de mon fils, je n'ai jamais ressenti de distanciation par rapport à la question de la norme, telle que je pouvais la pratiquer dans mon propre métier d'enseignante (mais, bah, j'avais trop-de-la-chance, j'étais en ZEP avec des collègues formés, deux CPE et un camion de police à la grille le vendredi).

Ainsi, personne n'est-il vraiment formé à entendre la voix des enfants en difficulté « *non identifiée* » : ils ne sont pas en situation de handicap, ils ne sont pas en ZUS, et pourtant, ils ont des difficultés. Ce sont juste des individus, des personnes avec un passé (oui, même du haut de leurs trois pommes en maternelle), un ressenti, des attentes, des frayeurs disproportionnées, une sensibilité que la collectivité imposée heurte de plein fouet. Ils se cognent contre un monde uniformisé où ils ne sont pas censés exister. Leur difficulté apparaît en termes d'écart à une norme scolaire, définie comme l'ensemble des compétences attendues au regard du niveau de la classe fréquentée. L'enfant est ainsi défini au travers de « *son incapacité à…* ». C'est un enfant qui « *n'arrive pas à se mettre au niveau de ses camarades normaux* », qui est toujours évalué par le manque et le moins, non sur ses atouts. Pour les maîtres non spécialisés, l'élève en difficulté se différencie de l'ensemble de ses camarades et requiert un traitement particulier, alors qu'on n'a pas le temps, vous comprenez, Madame, j'en ai trente autres qui ne peuvent attendre. L'enfant qui présente des difficultés est un enfant qui « *pose problème* » à l'enseignant, lui-même happé par le système : rentabilité, pourcentages de réussite, fluctuation des programmes, consignes ministérielles contradictoires, objectifs inaccessibles. Car, vous l'avez compris à ce stade, mon but n'est pas de critiquer la maîtresse qui laisse le cancre paisible au fond de la classe (ça en fait toujours un qui ne casse pas le matériel ou la tête de ses camarades) ou qui veut s'en débarrasser par tous les moyens légaux. Mon but est de témoigner sur le système qui permet un pourcentage de laissés-pour-compte, des tranches d'élèves en difficulté indéfinie qui ne correspondent pas à la norme et iront grossir les 20 % de jeunes décrocheurs (selon les études PISA, un petit dernier pour la route : Programme international pour le Suivi des Acquis).

L'élève en difficulté devrait être perçu comme un élève en souffrance, qui se sent mal à l'aise, avec lequel il importe de faire connaissance, d'entrer en interaction, en relation. Quel que soit le type d'enseignants, spécialisés ou non, l'évaluation de la difficulté devrait rester au centre des préoccupations. Il faudrait être attentif à la manière dont l'enfant se comporte dans le groupe classe, dans la cour, quelle est sa relation avec l'adulte, comment il réagit, comment il participe, la façon dont il entre dans le travail demandé ou pas, la façon dont il cherche de l'aide ou pas. Cette démarche nécessite une présence, une attention rapprochée qui laisse les enseignants, déjà débordés, démunis. Ils n'ont pas toujours les clés en ce qui concerne les moyens à mettre en œuvre pour atteindre ces objectifs. Pour eux, c'est une difficulté supplémentaire dans la masse des recommandations pédagogiques qu'on leur impose, c'est un casse-tête de mettre en place des modalités d'intervention pédagogiques différenciées au sein même de la classe surpeuplée. Il faudrait accorder une grande importance aux démarches d'apprentissage et au travail métacognitif. La fragmentation et la dispersion du travail enseignant, dues à un manque de temps et de moyens humains, rendent impossible cette disponibilité. Même si ce témoignage a vingt ans, même si j'espère que la formation des maîtres a évolué de nos jours, il semble que le parcours restera semé d'embûches pour bien longtemps encore. Je n'ai pas la prétention d'apporter de solution, quand on voit les incessantes réformes de l'Éducation nationale, émanant de politiciens autrement plus qualifiés que moi, qui se démènent pour colmater, telles des Danaïdes affolées, un tonneau inéluctablement percé. Qu'il serait idyllique, ce monde où les enfants seraient envisagés dans leur globalité au sein d'un apprentissage positif et respectueux des rythmes de chacun. C'est facile d'utiliser le conditionnel quand on a interrompu sa carrière et déserté soi-même l'Éducation nationale pour cause d'extinction de flamme, de baissage définitif de bras cassés. Restons-en au témoignage sur l'erratique scolarité d'un enfant hors des cases. L'indécrottable optimiste du préambule vous livre une conclusion aux antipodes de son caractère, avec une pensée émue pour tous les Lorenzo qui sont restés sous le bureau, contre le radiateur, avec leur bonnet d'âne collé à l'âme.

Bouses de mammouth

Par Yoann Laurent-Rouault, *directeur littéraire de la maison JDH, écrivain, illustrateur*

Bouses de mammouth

Je me souviens très bien du jour où j'ai donné mon dernier cours. C'était un mercredi à la fin du mois de juin. Il faisait très beau. Le mammouth s'apprêtait à regagner son pâturage. C'était ma dernière heure, avec une classe de troisième. Nous avions passé une année très sympathique. Cette classe en particulier était composée de gamines et de gamins très réactifs aux cours, curieux et enjoués. Avec ces élèves, nous avions un rythme plus proche de celui d'étudiants de première année aux Beaux-Arts que de fin de collège. Et fait exceptionnel, cinq élèves de cette classe partaient sur une option dessin au lycée, trois autres sur une option musique et une sur une option théâtre. Pour une fois que l'art n'était pas le parent pauvre...

À la sonnerie, une fois les élèves partis, je suis resté un moment à la fenêtre du troisième étage, à regarder la grande ruée des vacances d'été. C'était joyeux dehors. Le collège s'est vidé très rapidement. Le silence a fait place au bourdonnement de la ruche.

J'avais un peu le cafard...

Je n'y reviendrais plus.

J'aimais enseigner.

Mais je ne m'y retrouvais plus.

Pourtant, j'avais eu un parcours complet dans le domaine, j'étais passé par toutes les étapes. Maître d'internat en ZEP, maître d'internat « bourgeois », surveillant en collège de banlieue, de campagne, adjoint de CPE, vacataire, professeur...

Presque 9 ans étaient passés.

Maintenant, je me destinais à tout autre chose. Mon côté entrepreneur avait définitivement pris le pas.

Mais les gamins allaient me manquer.

Je le savais bien.

À cet âge, j'aimais encore l'idée de la transmission du savoir, de la craie et du tableau noir. J'avais encore quelques croyances, quelques illusions sur le sujet. Et pourtant, c'est l'accumulation de chocs et de problèmes rencontrés au long de ces années qui m'ont fait prendre cette décision. Je n'étais pas si mal dans mon métier, mais tellement mal à l'aise dans la structure qui le portait que je ne me laissais plus le choix. J'avais besoin d'oxygène et de grands espaces, par d'odeurs de javel, de placards et de poussière.

C'est aussi la petitesse des mentalités des personnels de l'Éducation nationale qui m'a fait reculer. L'esprit de chapelle, l'esprit de militant de gauche, l'esprit du petit fonctionnaire... Les ailes de géant de certains qui les empêchent de marcher, pour d'autres, le talent inouï de se noyer dans un verre d'eau, les discours syndicaux, les prises de position de l'érudit du dimanche, les petites habitudes, le café machine, les démissionnaires, les petits chefs, les féministes vieilles filles associées...

Les chocs...

Les traumatismes...

Les bleus à l'âme...

Les aveux d'impuissance...

Les voici dans le désordre, ces chocs : un élève en LEP est atteint du sida, et tout le lycée le sait. Il se blesse en atelier, sur une scie en colonne. Il est exclu du lycée sous la pression de la communauté tout entière, « une blessure, c'est le sang, et le sang contamine »...

Un môme de 14 ans, en quatrième technologique, lors d'une retransmission télévisuelle d'un match de football au foyer des internes, est violé par des terminales. Aucune suite. Motus. Néant. Rien.

Un élève de terminale, homosexuel hypersensible forcé de vivre dans un internat plutôt peuplé de « bourrins », tente de se suicider dans les douches, par pendaison. Un collègue et moi, après avoir enfoncé la porte des sanitaires, arrivons in extremis pour le dépendre du tuyau de douche. On nous facture la porte.

Bouses de mammouth

Le jeune homme ne sera pris en charge par un psychologue. Il quittera le lycée et sa scolarité peu de temps après.

Un concierge, alcoolique, chasseur, a un véritable arsenal chez lui. Dans l'enceinte du lycée. Fusils, carabines, etc. Un jour, il sort armé de sa loge et menace de son fusil son fils de trois ans. Puis, sous la pression des trois témoins dont je fais partie, il retourne l'arme contre lui. Le pire a été évité de justesse. Félicitations aux deux pions et à l'infirmier scolaire qui l'ont maîtrisé. C'est tout. Les fusils et le concierge se portent bien. Rien, pas de suite, pas de bruit, pas de vagues... Au suivant !

Sarah, au collège, a ses règles, elle ne sait pas ce qu'il lui arrive. Elle n'est pas informée. Sa mère travaille de nuit et délègue tout au « beau-père ». Ses menstruations sont violentes. Son pantalon est taché. Les autres élèves se moquent d'elle. Elle pleure d'angoisse et de honte. Je la console comme je peux. Je lui dis que ce n'est pas grave. Que toutes les filles connaissent ça un jour ou l'autre. Que je l'emmène à l'infirmerie et que l'infirmière lui donnera un change et une protection et un médicament pour soulager sa douleur. Mais, arrivés sur place : pas d'infirmière le mardi après-midi.

Je vais voir à la vie scolaire.

Le CPE s'en fout.

Le mal de ventre de la petite est violent.

Des calmants dans le placard, mais pas le droit d'en donner sans l'infirmière. Les collègues professeures ne lui viennent pas en aide, malgré ma demande. « Ce n'est pas leur fille, mais une élève. » En plus, c'est bientôt la pause déjeuner. Tout le monde s'en fout.

Dans la salle des professeurs, le proviseur interpelle les enseignants pour le motif suivant ; restrictions de budget. Soit on supprime la cabine téléphonique du préau pour les internes (nous sommes en 1995, il n'y a pas de portables), soit c'est la livraison quotidienne de viennoiseries en salle des professeurs qui saute à la récréation de 10 heures. « Votons à main levée », dit le proviseur. Ce sont les pains au chocolat qui ont gagné, à la majorité. Pourtant, dans cette ambiance de caserne, dans ces locaux insalubres, ce téléphone sous le préau était pour les élèves internes le lien avec la famille, la petite amie ou les copains.

Un élève fait un coma éthylique. Il s'est écroulé comme un sac sur un banc du parc. Nous sommes en janvier, c'est le retour à l'internat un mercredi soir. Deux de ses copains nous indiquent où le trouver. Nous y allons immédiatement, avec l'infirmier et un autre surveillant. Mais l'infirmier déclare ne pas vouloir prendre en charge l'adolescent. Il est dans un état critique et probablement en hypothermie. « Si ce gamin claque, c'est moi qui suis dans la merde. », dit-il. Le règlement est formel : on ne le déplace pas. On attend les secours « qualifiés ». Alors on le laisse dehors, le futur cadavre. Les pompiers ne seront prévenus qu'une heure plus tard. On a perdu du temps : l'ambulancier du coin n'a pas voulu prendre le risque de le déplacer, tout comme l'infirmier, il a botté en touche. Le proviseur n'est pas joignable. Le CPE est en formation. Les pompiers diront : « C'était moins une. » Ils l'évacuent. Je repars avec mes couvertures sous le bras.

Un couloir dans un collège de banlieue. Une surveillante se fait frapper violemment devant moi par deux élèves. Elle crie. Je rejoignais ma classe à ce moment-là. Les gosses, 16 ans environ, assez grands, continuent à cogner. Je m'interpose. L'un deux tente de me porter un coup. Les deux gamins en prennent une à tour de rôle. Ils détalent. Le lendemain, je suis convoqué par le proviseur : avertissement. Pour violence sur mineurs. Et en plus, je suis sous le coup d'une accusation de racisme de la part des deux « victimes ». Ils sont arabes. Je suis blanc. Cela suffit.

Ma collègue a subi beaucoup de pression de la part de l'établissement pour retirer sa plainte.

Bouses de mammouth

On m'a fait valoir que si je ne parlais plus de cette histoire, il n'y aurait pas de suite pour moi.

Pas de bruit, pas de vagues.

Pensez donc, la proviseur adjointe devait recevoir les palmes académiques la semaine suivante.

Discours d'un autre proviseur lors d'une réunion de rentrée :

« La population magrébine et plus généralement africaine du collège ne s'intègre pas. Ils perturbent la bonne marche des cours. Les parents se plaignent. Les titulaires aussi. Aussi, nous avons décidé de créer des classes "arabisantes". »

Sans commentaires...

Et les viols et le racket et le deal en toute impunité ?

Et les cas de harcèlement, sur des adolescents comme sur des adultes...

Et le sureffectif et la lourdeur de la machine administrative...

Et tous ces femmes et ces hommes qui vendent du savoir, mais qui n'ont pas d'échantillons sur eux...

Et les corrections bâclées et les examens et les sujets d'examens...

Et les mômes qui ne déjeunent pas à la cantine parce que les parents ne peuvent pas payer la note ?

Et les bagarres générales ?

Et les personnels battus ?

Et les coupes radicales dans les budgets arts et sports ?

Je pourrais continuer. Mais un livre entier n'y suffirait pas. Mais vous voyez ce qui a motivé ma décision de claquer la porte. Eh oui, je suis parti, sans bagages, sans chômage, sans renvois, sans disponibilité, sans aménagement, juste comme ça. J'ai reçu deux mois après une convocation à la prérentrée dans un lycée à pas loin de 200 km de mon domicile (Sanction ?). J'ai renvoyé le courrier en double : l'un au rectorat, l'autre au proviseur du lycée concerné. J'ai simplement écrit ces quatre mots sur ce papier aux armes de la République du vide : « Merci, mais sans moi. »

Derrière le portail de l'école !

Par Angélique Rolland, *romancière*

Auteure de littérature fantastique, jeune maman, Angélique Rolland est prolixe. Femme de son époque, tendre et sereine, les questions qu'elle soulève, les peurs qu'elle véhicule sont celles de bien des parents.

Derrière le portail de l'école !

On devrait faire et avoir confiance, laisser nos enfants les yeux fermés quand nous les déposons au portail de l'école. On ne devrait pas avoir la boule au ventre et y penser tout le temps. Et pourtant, c'est le cas de la plupart des parents dans l'incertitude que leurs enfants obtiennent la meilleure vie scolaire. C'est un scandale de paniquer lorsque nous laissons un bout de nous derrière le portail de l'école.

Ma fille a fait sa première rentrée scolaire en petite section pour 2019/2020. J'étais très confiante le premier jour, très heureuse pour elle. Une école de village à la campagne. Avec mon mari, nous ressentions un bon suivi de la part de la directrice et des enseignants dans cette maternelle. Les premiers jours se sont passés à merveille. Aucune inquiétude de notre part. De là, la confiance prend vite le dessus et efface les petits détails qui, pour le coup, nous échappent bêtement. Ma fille Yuna, de trois ans, a tenté de me dire à plusieurs reprises, et ce pendant plusieurs semaines, qu'une petite fille d'une autre classe l'embêtait régulièrement. Bien sûr, j'ai tout de suite cru ma fille, mais j'ai simplement pensé à de petites histoires de récréation. De plus, lorsque j'en ai parlé à sa maîtresse, elle m'a tout bonnement expliqué qu'elle n'avait perçu aucun conflit dans la cour de récréation. En revanche, elle a insisté sur le fait que Yuna était très discrète, que c'était une enfant réservée et timide, et par conséquent, qu'elle aurait du mal à se faire respecter par les autres ! Elle m'a alors demandé d'accompagner Yuna dans une éducation où je devrais la laisser exprimer ses émotions. Je l'ai évidemment mal pris. Je pense éduquer mes enfants avec le plus grand soin et je sais, puisque je connais mes petits mieux que personne, qu'ils reçoivent une très bonne éducation et qu'ils n'ont pas besoin d'évacuer leurs émotions. Tout se passe parfaitement bien à la maison. Il s'agit simplement de la personnalité de ma fille ! Elle est timide, réservée, ne sait certainement pas se défendre, mais au moins, elle respecte ses camarades. En revanche, quelqu'un semble la déranger dans cette école. Malheureusement, aucun adulte ne le voit…

Petit à petit, ma fille a commencé à repousser son assiette le soir lors des repas. Pour cause, elle affirmait que « la méchante fille lui avait dit qu'elle était grosse et qu'elle lui pinçait le ventre ». Nous nous sommes pris une claque en plein visage. Évidemment, nous nous sommes inquiétés et nous avons paniqué. Ce genre de phrases ne devrait sortir de la bouche de personne, et encore moins de celle d'une petite fille de 3 ans. Le lendemain, j'ai alors décidé venir chercher ma fille plus tôt à l'école afin de savoir ce qu'il se passait dans cette cour de récréation. Ce jour-là, je suis tombée de haut ! Jamais je n'aurais imaginé que cela pouvait se produire au sein d'une école maternelle. J'ai vu ma fille se faire poursuivre par une petite fille qui faisait le double de sa taille. Elle la poussait par terre sans lui laisser le temps de se relever. Elle la pinçait aussi et j'entendais ma fille pleurer. Une horreur pour une maman ! J'ai finalement hurlé par-dessus le portail dans l'espoir qu'une maîtresse m'entende. Aucune ne regardait la cour et aucune ne m'entendait. J'avais mon fils de seulement quelques mois dans les bras. Si j'avais été seule, j'aurais sûrement fini par escalader ce portail ! Je suis devenue une vraie lionne ! Cette petite fille continuait de la frapper au visage, et lui avait roulé sur la main avec son vélo à plusieurs reprises. J'ai vu ma petite fille mettre ses mains devant son visage pour se protéger. Elle était seule… Heureusement, la fin de la récréation a sonné et j'ai finalement franchi le portail de l'école en courant au secours de Yuna. J'ai incendié la maîtresse en lui disant que ce genre de choses ne devait pas se produire et que personne ne surveillait. Elle m'a répondu qu'elle n'avait rien vu et qu'il était impossible de surveiller tout le monde…

Derrière le portail de l'école !

Le lendemain, j'ai passé ma journée au téléphone. Je voulais prévenir l'Académie à laquelle nous étions rattachés, ainsi que la mairie, la directrice de l'école et l'inspecteur scolaire.

Oui, j'ai fait tout cela ; pour moi, rien d'extrême. Juste le comportement d'une mère en colère !

Et Yuna avait réussi à nous dévoiler le cauchemar qu'elle vivait depuis des semaines :

Elle se faisait insulter par une enfant de grande section de cinq ans : « grosse vache », « tu dois maigrir », « ton ventre est gros », « tu n'es pas belle », « ta maman, elle ne sait pas t'habiller », « je vais te faire du mal »...

Je me suis effondrée ! Comment une petite fille de cinq ans pouvait avoir autant de violence en elle ?! Et comment MA fille de trois ans pouvait supporter cette maltraitance ? Comment cela se fait-il que personne n'ait rien vu ?!

Par la suite, la directrice nous a proposé un rendez-vous pour la semaine suivante. Évidemment, nous avions insisté sur le fait que Yuna ne retournerait pas à l'école avant que les parents de cette enfant soient convoqués et que nous soyons sûrs que plus jamais cela ne se reproduise.

Voilà ce que la directrice nous a proposé : notre fille sera privée de récréation et verra un psychologue scolaire afin de lui redonner confiance en elle... Abominable ! La colère me ronge encore... C'est scandaleux ! Mon enfant qui subit des violences physiques et verbales sera privée de récréation pour éviter un autre conflit, tandis que l'autre petite fille pourra continuer à jouer et sans doute harceler d'autres enfants. Mon enfant devra consulter un psychologue pour apprendre à se défendre, alors que dans un sens, c'est l'autre petite fille qui en l'occurrence en aurait besoin.

D'autre part, nous avons aussi appris que l'autre famille n'allait pas être convoquée, car chez eux, c'était « compliqué »...

Mon mari est entré dans une colère noire. Il a menacé l'école d'appeler un commissariat pour déposer une plainte pour non-suivi de harcèlement au sein d'une école. Menace qu'il a exécutée. Mais bien sûr, le commissariat n'a rien voulu entendre et nous a gentiment demandé de voir cela avec l'Académie.

J'ai demandé à l'Académie qu'un inspecteur intervienne dans les jours à venir. Ce qui a été fait. Mais cela n'a rien changé. Il a seulement demandé à ce que la directrice et les enseignants soient formés sur les procédures à suivre en cas de harcèlement scolaire. Nous avons été complètement pris pour des imbéciles qui s'étaient inquiétés pour rien. Car selon eux, le harcèlement scolaire n'apparaissait qu'à l'adolescence. Il est intolérable de minimiser autant ce genre d'évènements !

Depuis, j'ai compris pourquoi il y avait de plus en plus de victimes de harcèlement à l'école, de la phobie et de l'échec scolaire. En effet, il n'y a plus de suivi, il n'y a que trop de lassitude, et à mon sens, les écoles et les académies sont responsables dès lors qu'il y a délaissement.

Ma fille n'est pas retournée à l'école pendant presque trois semaines. La maîtresse avait fini par nous téléphoner, nous promettant d'être vigilants et s'excusant d'avoir eu un comportement non approprié. Elle m'a expliqué avoir discuté avec les parents de la petite fille en question. Nous avons apprécié ses excuses et avons décidé de remettre notre fille à l'école, tout en la rassurant. Je suis aussi allée voir la mère de la petite lui promettant que je surveillerai les récréations en arrivant plus tôt, et que si son enfant recommençait, je ferais tout ce qui sera en mon pouvoir.

Le matin même du retour à l'école pour ma fille, une psychologue scolaire nous attendait toutes les deux. J'étais bouche bée devant cette femme avec qui je n'avais pas envie de parler. Je me suis sentie trahie par la directrice de l'établissement, et aussi par l'Académie qui avait orchestré cet entretien. La psychologue m'a monopolisée une heure de temps pour essayer de déceler des signes de mauvaise éducation au sein de mon foyer. Elle avait des questions très déplacées :

« Comment punissez-vous votre fille lorsqu'elle fait une bêtise ? »

« Pourquoi votre fille ne mange pas tous les midis à la cantine ? Est-ce le cordon que vous n'avez pas coupé ? »

« Est-ce que vous avez confiance en elle ? Ce qui lui permettrait en retour d'avoir confiance et de se défendre auprès des autres ! »

J'ai fini par me lever de ma chaise en lui demandant de mettre un terme à cet entretien qui était adressé à la mauvaise personne. Il était évident que l'autre famille devait rencontrer cette psychologue, et encore aujourd'hui, je ne comprends pas pourquoi rien n'a été réalisé auprès d'eux.

Elle m'a dit qu'elle parlerait à Yuna lors de la récréation, et je lui ai répondu que je lui interdisais de priver ma fille de jouer dehors pour répondre à des questions idiotes et qu'elle devait plutôt convoquer l'autre petite fille.

Bien évidemment, la directrice a été informée de notre mécontentement d'avoir laissé entrer au sein de l'établissement une psychologue sans nous en avoir touché deux mots avant.

Et de nouveau, nous avons incendié l'Académie, mais de leur côté, c'était comme s'exprimer face à un mur ! Nous nous faisions raccrocher au nez, ou bien on nous répondait avec mépris.

Notre dernière action a été de consulter le médecin traitant de Yuna pour qu'elle signale sa tristesse et ses angoisses à l'idée que cela se reproduise. Avec un mot du docteur, là, évidemment, ils se sont tous calmés !

Nous avons été de nouveau contactés par l'inspecteur, l'Académie et même la mairie. Et tous nous ont juré que plus aucun incident n'aurait lieu. Étrange, quand même ! Quand le médecin de famille s'en mêle…

Depuis, Yuna n'a plus jamais été embêtée ni violentée. Dès que je le peux, j'arrive dix minutes plus tôt au portail et j'observe. Les enseignants semblent plus vigilants lors des récréations et ma fille joue avec ses camarades. Il n'y a plus de signe de violence, plus de bleus sur son corps. Elle adore l'école !

Je retiens de cette expérience que l'Éducation nationale n'est plus à la hauteur en cas de harcèlement scolaire. Depuis quand ? Je l'ignore… Il est devenu angoissant de laisser nos enfants le matin. J'en connais des enfants et adolescents qui sont ou ont été victimes de harcèlement scolaire. Ils finissent toujours par avoir peur de l'école et se réfugient dans des mondes à eux qui peuvent parfois causer plus de tort encore…

Un délaissement de l'Éducation nationale ! Oui, une réelle lassitude. Ils préfèrent faire porter le chapeau à la famille de la victime, relatant un manque de confiance en soi de la part de l'élève. Ils préfèrent nous faire culpabiliser, nous faire remettre en question notre façon d'éduquer. Ils croient connaître nos enfants mieux que nous et pensent avoir tous les droits sur l'éducation. Ils ne sont plus à l'écoute… Nous ne sommes à leurs yeux que des parents bien trop protecteurs… C'est un scandale national, plus une éducation !

Je suis inquiète pour la suite de la scolarité de ma fille. Je pense surtout à l'école primaire et au collège. Elle a une personnalité hypersensible et sa timidité lui jouera des tours ; dans un sens, sa maîtresse a jugé correctement. Mais est-ce une raison pour un manque de suivi ? Chaque enfant, peu importe sa couleur de peau, son poids, sa personnalité, sa culture, son physique ou ses goûts, a le droit de vivre une scolarité normale et épanouie. Or, de nos jours, ces angoisses sont bien trop récurrentes.

Derrière le portail de l'école !

Je ne pourrai pas protéger infiniment mes enfants en les surveillant depuis le portail. De plus, qui me dit qu'ils oseront me parler de ces moments de harcèlement qui peuvent sembler honteux pour certains ?

Ce système va droit dans le mur. Il y a de plus en plus d'enfants scolarisés à domicile, et c'est légitime de nos jours, vu les circonstances actuelles.

Il est évident que si mes angoisses sont présentes maintenant alors que ma fille n'est qu'en maternelle, j'aurai encore plus peur pour ses prochaines années scolaires. Oui, il est certain que je vais surprotéger ma fille encore plus ! Inconsciemment, peut-être.

Mais la faute à qui ?

Je déteste ce système scolaire !

Quand j'étais enfant, les choses étaient plus maîtrisées.

La bise au mammouth !

Par Nathalie Sambat, *auteure et directrice de collection*

Nathalie Sambat est une auteure de la maison et la directrice de la collection Case Blanche, collection à vocation éducative. Femme à l'humour ravageur, très investie dans le milieu associatif. Ce texte est un petit bijou du genre.

La bise au mammouth !

Éducation (du latin *educere*, « guidé hors de ») nationale (du latin *Natio* qui dérive du verbe *nascare*, « naître »), un système pour s'éloigner de sa vraie nature ? Mon premier souvenir d'école est une jolie petite boîte en fer remplie de bons points que je présente à la maîtresse pour en échanger dix contre une image. Elle en étale une dizaine sur son bureau et, sur la pointe des pieds pour compenser la hauteur de l'estrade sur laquelle se trouve ce Saint Graal, je m'applique à essayer de choisir. Je veux la plus belle, celle que je vais exhiber fièrement à mes parents quand sonnera « l'heure des mamans » ! Je prends le temps de regarder chaque dessin, hésite, procède par élimination… Je sens de l'impatience dans le regard de l'institutrice. Elle ne mesure pas que c'est ma preuve d'amour à mes parents que je suis en train de sélectionner… Ils répètent si souvent « Tu dois bien travailler à l'école ! », « Il faut avoir de bonnes notes pour ne pas finir caissière à Mammouth ! », « Tu auras une récompense si ton carnet de notes est bon ! », « On est tellement fiers de toi pour cette belle image ! ». Je ne sais pas très bien ce que fait une caissière, et encore moins avec ce gros mammifère disparu, mais ça ne me fait pas envie ! J'aime mes parents de manière inconditionnelle, alors je prends soin de bien choisir ce cadeau. Ce sera un petit chat dans un panier de fleurs, qui finira dans une autre jolie petite boîte en fer… Inutile de chercher mon âge, il n'est pas si canonique que ça ! Mais cette première anecdote en dit long sur l'importance de la place de l'école dans ma famille, somme toute assez semblable à celle de mes camarades de classe… Classe ouvrière, dans une banlieue endormie de la région parisienne, dans un appartement HLM mal insonorisé avec des meubles en formica : ils n'ont pas eu la chance de pouvoir étudier, comme ils disent, et l'école est LE moyen de ne pas avoir la même vie qu'eux. Pourtant, en de hors des chaises un peu trop dures qui collent aux cuisses quand on est en robe, je l'aime bien, moi, leur vie… Au-delà de ma difficulté à choisir un calendrier au facteur en fin d'année, qui me renvoie à cette petite fille choisissant un visuel comme si sa sécurité affective en dépendait, je garde en général de mon parcours scolaire les stigmates du jugement et de la pression.

– Un jugement sur ce que je vaux en tant qu'individu, d'abord : « Bonne élève », « Mauvais élément », « Peut mieux faire », « Pas assez d'efforts », « Manque de travail », etc. Mais aussi sur ma valeur par rapport à un groupe : « 1ère de la classe », « Plus mauvaise note », « Dans la moyenne ». L'autre devient le mètre étalon, celui à qui il faut ressembler ou celui qu'il ne faut surtout pas prendre en exemple. L'autre n'est plus le bon camarade avec qui je joue à l'élastique ou aux billes, mais celui qui me fera briller ou me sentir ridicule dans le groupe.

– La pression, car autant la famille que les enseignants me transmettent cette peur que la réussite de ma vie dépend de ma scolarité et de l'obtention du fameux sésame : le bac ! Pas de baccalauréat, pas de chocolat ! Il m'aura fallu deux ans pour l'obtenir de justesse. J'aime apprendre, mais je n'aime pas l'école…

– La pression aussi sur l'orientation et le terrible « qu'est-ce que tu veux faire plus tard ? » qui arrive très tôt, trop tôt, lorsque l'on ne connaît rien de la vie active et que l'on n'a pas de passions prononcées. Je n'arrive pas à choisir une image, alors un métier ! Ce que je veux à ce moment-là, c'est pouvoir être allongée dans le noir à l'envers sur mon lit avec le dernier album de The Cure dans mon walkman à cassettes ! Mais visiblement, personne ne rémunère les gens pour cela, car j'atterris en BTS de Comptabilité, « un métier dont on aura toujours besoin ». Voilà comment, à un âge où ne sait pas grand-chose, on vous plante des graines de burn-out qui pousseront plus tard à cause d'un métier à l'opposé de votre personnalité.

Je redécouvre les bancs de l'école beaucoup plus tard avec mes enfants. Finalement, peu de choses ont changé. Des points verts, oranges ou rouges ont remplacé les bons points et les images, puis par un smiley qui sourit, qui n'exprime rien ou qui fait la moue… Je retrouve le jugement et la pression, mais côté parent, ce coup-ci ! « Vous n'utilisez pas la bonne méthode, on ne fait plus la méthode syllabique mais globale pour apprendre à lire ! », « Vous ne consacrez pas assez de temps aux devoirs ! », « Votre fils ne tient pas en place, vous êtes seule à la maison ? »… Et à chaque fois, je redeviens cette petite fille à qui l'on a appris le respect de l'instituteur. Je m'autoflagelle parce que je suis une mauvaise mère qui, en plus, oublie une fois sur deux le sac de piscine. C'est pourtant simple, c'est une semaine sur deux, les semaines paires pour les enfants du 1er groupe et impaires pour les autres, les mois finissant en « re » les années bissextiles !

C'est quand mon fils est entré au collège que les choses ont empiré. Trouvant sûrement ma vie de maman solo avec deux enfants un peu trop calme, il s'est mis du jour au lendemain à ne plus pouvoir aller en cours. Crises de larmes, d'angoisse, insomnies, maux de ventre, impossible pour lui de franchir le seuil de l'école. Je ne comprends pas ce qu'il se passe, mais je sais que c'est sérieux… J'entends alors parler pour la première fois de ma vie de la phobie scolaire, une peur irrationnelle de l'école qui trouve son origine dans 80 % des cas dans un fonctionnement cognitif des enfants différents de la norme. Après des années d'errances médicales, on diagnostique effectivement mon fils haut potentiel, hypersensible, avec une dyspraxie et un trouble déficient de l'attention avec hyper activité. C'est la traversée de cette tempête qui m'a fait me questionner sur le système scolaire. D'abord à cette réunion de rentrée en sixième où la professeure principale, qui transpirait l'usure de son métier, annonçait d'une voix autoritaire la liste d'injonctions pour réussir sa rentrée et éviter les punitions. Un retard non justifié, enfant refusé en classe – un oubli de carnet de correspondance, une heure de colle – un devoir non rendu, on trempe vos enfants dans du goudron puis des plumes ??? Ah non, une heure de colle, ouf ! À aucun moment n'a été évoquée la notion de plaisir, de partage, d'accompagnement, d'épanouissement… Ce n'est pas une école, c'est un boot camp ! Mais le plus important pour les parents, c'est de préparer son enfant pour le brevet des collèges qui lui-même le prépare au bac ! Mon fils n'est plus un enfant, mais un élève. À ce titre, il perd ses droits d'être avant tout un être humain qui peut avoir des problèmes de réveil, un oubli, une fatigue passagère, un coup de mou, un talent manuel ou artistique qui ne nécessite pas cette course au sésame…

Ensuite, la problématique de mon fils m'a amenée à assister à de nombreuses réunions au collège. Et en observant ces enfants dans la cour de récréation, j'ai eu un choc. Les plus petits sont les têtes de Turcs des plus grands, les plus forts maltraitent les plus faibles, les plus populaires sont ceux qui respectent le moins les autres… Ça pousse, ça insulte, ça se moque, ça jette les sacs ! Les pions sont enfermés dans un bureau, à remplir des carnets de correspondance d'heures de colle tandis que dehors, on se croirait dans le film *Kill Bill* de Quentin Tarantino ! Est-ce le fruit de cette comparaison intensive par les notes qui autorisent certains à se croire supérieurs à d'autres ? Est-ce l'absence de respect pour l'enfant qui invite à ces débordements ? Lors de ces réunions, je suis seule face à une équipe pédagogique composée de cinq personnes où je dois me justifier. On me rappelle que la place d'un enfant est à l'école et on s'assure que je fais tout mon possible pour que cela rentre en ordre rapidement. Je cours partout à des rendez-vous chez des psys en tous genres pour obtenir des certificats, des aménagements, des attestations… Comme si mon fils faisait semblant d'être complètement dépressif parce qu'ils l'ont vu sourire une fois avec ses copains… Comme si sa tentative de suicide n'était finalement qu'un appel au secours sans conséquence… Comme si nous étions coupables et non victimes. Il y a de la bienveillance dans leurs intentions, mais ce ne sont pas les bonnes ! Il y a un tel décalage entre ce que nous vivons et ce qu'ils en comprennent !

Il y a également cette salle de classe où je parviens à accompagner mon fils un après-midi. Il y a des barreaux aux fenêtres, des rideaux déchirés et délavés, des néons qui clignotent, des tables usées, des ordinateurs ressemblant aux premiers minitels. J'ai vu des photos de cellules de prison qui semblaient plus cosy ! Cet enseignant qui oublie le parcours de mon fils et l'humilie devant la classe, le faisant replonger dans la phobie scolaire… Cet autre qui ne l'accepte pas en cours pour deux minutes de retard alors que c'est la première fois qu'il parvient à rentrer en classe depuis des mois… Et puis il y a ma fille, qui est convoquée par la conseillère d'orientation, parce qu'elle a choisi les Beaux-Arts alors qu'elle a de bonnes notes en économie et qu'elle serait mieux à Science Po. Ça lui évitera le chômage… Ce prof de maths qui la harcèle moralement parce qu'elle s'est plainte au proviseur de la maltraitance psychologique qu'il faisait subir à ses élèves… Je suis peut-être une mauvaise mère, mais une mère poule qui défend ses petits contre tout ce qui peut leur faire du mal et je monte au front, le bec aiguisé en avant ! Je dénonce cette Éducation nationale qui s'est éloignée de ses missions d'origine : transmettre des connaissances, donner envie aux enfants d'apprendre, développer des compétences pour les préparer à leur avenir. Mais dans quelles conditions ? À quel prix ? À quel avenir ? Où sont l'humanité, le respect et la bienveillance ? Est-ce transmettre des connaissances que de les laisser assis 6 h par jour à écouter des enseignants sans moyens et usés par leurs conditions de travail ? Est-ce donner aux enfants l'envie d'apprendre que de les faire avancer avec de la pression ? Est-ce développer des compétences pour leur avenir que d'avoir à se battre dans une cour de récréation pour survivre et de juger son prochain ? Quel en est l'intérêt si ce n'est de transformer l'école en usine de formatage pour de futurs salariés bien disciplinés au mépris de leur liberté d'être ce pour quoi ils sont faits ? Ce n'est pas le peuple qui est au service de l'État, mais l'inverse ! En quoi cette institution répond-elle à ce besoin en proposant d'accueillir en sortie de confinement des petits dans des conditions allant contre leur nature d'enfant ? Ces petits bouts qui passent leurs journées normalement à jouer, à se toucher, à échanger leurs microbes se retrouvent terrorisés à faire cucul roulé coucouche panier ! Quel en est l'intérêt si ce n'est de transformer l'école en garderies pour des intérêts économiques, au mépris des risques de santé pour les familles et les enseignants ? Moi, je choisis pour eux la vie !

Mon fils est atypique et ne rentre pas dans ce système hyper normé ? Eh bien soit... Prends le temps, mon fils, de découvrir le monde, de t'émerveiller devant les trésors de la nature, de te réconcilier avec l'humain grâce aux belles âmes qui ont échappé à ce formatage et trouve où ça te ferait plaisir d'être utile. Ma fille ne peut pas vivre sans un pinceau dans les mains ? Eh bien soit... Fais-toi plaisir, ma fille, peins, sculpte, dessine, expérimente, construis, invente, crée et ne t'occupe pas du chômage. Il vaut mieux être heureux sur une chaise en formica qui colle aux jambes à faire ce que tu aimes que malheureux dans un fauteuil en cuir réglable avec accoudoirs à te demander quel sens a ta vie. Je n'ai pas fait des enfants pour en faire de la chair à pognon, mais pour qu'ils soient libres d'être ce qui les rendra heureux. Je veux qu'ils s'élèvent dans ce pour quoi ils sont doués et non qu'ils s'éloignent de leur nature profonde.

Cette institution n'a été dépoussiérée qu'en surface depuis plus d'un siècle et demi. L'idée d'école laïque, gratuite et d'instruction obligatoire de Jules Ferry est louable, beaucoup plus en tout cas que son positionnement sur le colonialisme et l'égalité des femmes, mais là n'est pas le propos… Mais depuis, les connaissances sur le développement des enfants ont évolué, les neurosciences apportent une nouvelle compréhension du développement, l'environnement a changé, les rapports entre les enfants et les parents sont différents… L'enseignement par l'autorité n'a plus sa place ! Cette base du XIXe siècle appliquée au XXIe, c'est comme si on continuait de pratiquer des saignées pour soigner des crises d'appendicite malgré toutes nos connaissances nouvelles en médecine. Des pédagogies alternatives se développent, comme Montessori, Freinet, etc., et de plus en plus de structures voient le jour. Elles sont malheureusement souvent payantes et essentiellement proposées aux primaires. L'apprentissage par le jeu, par l'expérimentation, est pourtant beaucoup plus motivant, impliquant, et donc efficace.

Une amie, professeure d'histoire dans un collège avait mis en place une boîte à participation dans ses classes. Elle partait du principe que certains jours, parce que la nuit avait été mauvaise ou que d'autres problèmes leur polluaient la tête, les élèves pouvaient ne pas avoir envie de participer, de travailler, d'être interrogés. Ils pouvaient donc glisser leur nom dans une boîte en carton à l'entrée de la classe en début de cours. Au début, évidemment, tous les élèves ont mis leur nom. Elle a respecté ses promesses et a fait son cours sans les solliciter. Une fois la confiance installée, les jeunes ont joué le jeu et très peu d'élèves finalement inscrivaient leur nom. Cela lui a permis d'identifier certaines difficultés scolaires ou familiales chez certains et de nouer un dialogue avec eux pour les aider. Les élèves ont demandé que cette boîte magique soit installée dans toutes les classes. Les autres enseignants ont refusé, car cela faisait du travail supplémentaire, et mon amie a été convoquée par le proviseur qui l'a encouragée à retirer sa boîte. Je me demande si ce n'est pas juste parce que les enseignants, écrasés par le poids de cette institution et le manque de moyens, ne croient plus en leur mission. J'entends beaucoup de plaintes de la part des enseignants : « fatigués », « trop de travail »… Il y a peut-être aussi une usure plus grande dans ce métier qui pourrait éventuellement amener à une réflexion sur une limitation de la durée de leur carrière ? Je crois surtout que si la notion de plaisir et de jeu était instaurée pour les enfants, elle contaminerait aussi les enseignants et plus personne ne vivrait dans la contrainte.

Certains pays nordiques remettent l'individu au cœur des apprentissages. On voit dans les écoles de la méditation pour l'esprit, des séances de câlins pour l'empathie, le travail de groupe pour la sociabilité, un accompagnement individualisé pour un vrai respect des différences… Et ça fonctionne plutôt pas mal. L'été sur nos plages, les petits Suédois ou Finlandais ne ressemblent pas à Marcos Rodriguez Pantoja, l'enfant Loup !

L'épisode de confinement à cause du Covid-19 a également fait émerger des évidences. Les métiers qui ont permis à une société entière de se nourrir, ce sont les routiers, les caissières, les manutentionnaires, les maraîchers, les boulangers… Aucun sot métier ! Pas forcément de baccalauréat, mais grâce à eux, du chocolat ! Je ne remets pas en cause l'enseignement… Une société remplie de médecins serait en bonne santé, mais mourrait de faim, et une société remplie de maraîchers serait nourrie, mais malade ! Ce que je veux dire, c'est que chaque individu a une place, un rôle, un talent, qui n'est ni mieux, ni moins bien que celle de son voisin. Qu'il en soit ainsi pour l'école ! Supprimons les cases, les étiquettes ! N'adaptons plus l'enfant à l'école,

La bise au mammouth !

mais adaptons l'école à l'enfant pour que chaque talent soit valorisé dans la joie et la bonne humeur ! Que restera-t-il de tout cela si demain tout s'effondre ? Parce qu'il serait naïf de croire que l'on peut maintenir une croissance infinie sur des ressources finies ! Et quand nous aurons épuisé toutes les ressources, pollué toutes les rivières, éradiqué de la planète toutes les abeilles, les oiseaux, les forêts, ne regretterons-nous pas de ne pas avoir appris à nous respecter nous-mêmes pour respecter les autres ? Oserons-nous regarder nos enfants droit dans les yeux pour leur expliquer que nous avons priorisé le jugement et la pression au lieu de la solidarité, du respect, des gestes qui sauvent, de la nature ?

Albert Einstein disait : « Tout le monde est un génie. Mais si vous jugez un poisson à sa capacité de grimper à un arbre, il vivra toute sa vie en croyant qu'il est stupide. » Le monde de demain a besoin de poissons, de singes, d'oiseaux, d'insectes, de serpents, de tout ! Juste peut-être d'un peu moins de moutons… Vive les caissières et la bise aux Mammouths.

Quand on ne connaît pas son public…

Témoignage

Parfois, ce ne sont pas des auteurs confirmés qui prennent la plume. Et s'ils ne savent pas le faire, nos directrices et directeurs de collection, en collaboration avec eux, prennent la plume. Voici un témoignage recueilli par Nathalie Sambat, les propos de quelqu'un qui souhaite conserver l'anonymat.

Quand on ne connaît pas son public...

Marie ne veut pas être en retard à ses cours et écourte notre entretien téléphonique. À 47 ans, elle réalise son rêve : des études pour s'occuper d'enfants différents avec une détermination inébranlable. Elle jongle avec brio entre un travail à temps partiel, 3 enfants atypiques, un engagement dans une association sur la phobie scolaire et ce CAP Petite Enfance qui se termine bientôt. Au milieu de tout cela, elle obtient un diplôme universitaire pour les diagnostics de TSA (Troubles du Spectre Autistique) et apprend le langage des signes. Elle rigole :

« J'ai fait mon MOOC de 6 semaines en 6 jours. »

Tandis qu'elle me confie son parcours, j'ai du mal à retenir mon indignation sur les injustices énumérées et mon admiration pour sa résilience et son humilité dans la gestion des tsunamis qu'elle a affrontés. Dès sa rentrée à l'école, elle a senti qu'elle était différente. Les adultes, eux, disent plutôt qu'elle a un problème, qu'elle est étrange. Et dès la maternelle s'invite la maltraitance : des enfants qui la laissent dans sa solitude ou se moquent car elle est bizarre, et des enseignants qui ne savent pas quoi en faire. On lui fait redoubler trois fois son CP, comme si c'était une réponse adaptée aux troubles que les bilans ont mis en avant : TDAH (Trouble Déficient de l'Attention avec Hyperactivité), multidys et un trouble « dysharmonique », car l'utilisation du mot Autiste fait peur.

Elle intègre très tôt des classes spécialisées, avec des enfants qui ont des troubles très éloignés des siens. Beaucoup sont d'ailleurs ensuite orientés vers des IME (Instituts Médico-Éducatifs), spécialisés dans l'accueil de profils avec déficience mentale, mais elle, elle n'a de place nulle part. L'école ne veut pas de cette enfant trop en décalage, trop sensible, qui ne comprend pas les consignes, qui dit sans filtre ce qu'elle pense, qui pose des questions pour comprendre ce qu'elle doit comprendre et qui ne partage pas les mêmes centres d'intérêt que les jeunes de son âge. À 8 ans, elle est passionnée de politique, alors forcément, ça creuse des écarts… On préfère la mettre au fond de la classe avec des feutres et des crayons de couleur pour dessiner et ne pas perturber. Elle sait qu'elle n'est pas cette image qu'on lui renvoie d'elle et se bat pour prouver qu'elle n'est pas « débile », comme elle l'a déjà entendu. On lui refuse l'accès au CAP Petite Enfance au motif qu'elle en est incapable. Pour le même motif, on l'éloigne du dessin publicitaire. On choisit pour elle un CAP floriculture : « Tu aimes dessiner ? Tu dessineras des fleurs ! » À 17 ans, elle en a marre de se battre pour prouver qu'elle n'est pas cette étiquette qu'on lui a collée à la peau et arrête ses études 3 mois avant l'examen. Tout ce qu'elle a appris, elle l'a fait toute seule, et sa force de caractère la sauve pour continuer à avancer dans la vie. Elle avance avec force, mais à jamais marquée par cette « absence de place » et de manque de confiance en soi. Un diagnostic de TSA (de type Asperger) et de HP (Haut Potentiel) sera une libération pour elle, LA preuve tant recherchée, mais les stigmates sont là et tenaces.

Marie a trois enfants. Lola a aujourd'hui 22 ans, Nathan, 18 ans, et Rémi, 15 ans. Et malgré les années qui séparent leur scolarité de la sienne, les changements ne sont pas significatifs. Lola est une enfant discrète qui présente quelques troubles de la prononciation et une légère dyslexie. Marie est en ultra-vigilance pour protéger sa fille et toujours dans ce besoin de prouver qu'elle sait, qu'elle peut… Une prise en charge précoce par un orthophoniste et beaucoup de travail à la maison suffiront pour que Lola s'en sorte. Pour Nathan, le parcours est beaucoup plus chaotique. Dès la maternelle, Marie sait qu'il y a quelque chose… Elle alerte sur des fonctionnements qu'elle reconnaît, on lui répond que c'est psychologique : tout est lié au fait qu'il n'a pas le même père que sa grande sœur, ou à l'an-

Quand on ne connaît pas son public…

goisse de sa maman, ou elle qui projette ses peurs sur son fils… Du Freud, du Freud, du Freud ! Pourtant Marie sait, sent qu'il s'agit d'autre chose et fait passer des bilans qui lui donnent raison : Nathan est multidys (il les a presque tous) et un TSA sans déficience intellectuelle. Elle obtient une AVS (Auxiliaire de Vie Scolaire) qui l'aide dès la primaire, mais cela n'évite pas les catastrophes : redoublement du CP, harcèlement des enfants, incompréhension des enseignants… Il est maltraité par les autres élèves : il rentre régulièrement avec des marques de coups, on le jette dans les vélos, dans les haies, ils se mettent à plusieurs pour le frapper. En face, c'est toujours la même réponse : « Il faut dire qu'il a de réels problèmes de comportement, c'est de sa faute aussi ! » En fait, Nathan a juste des codes différents, avec une autre grille de lecture, de compréhension et d'expression. Ainsi, lorsqu'on l'embête, il ne parle pas, il crie. On n'empêche pas les autres de l'embêter, mais on pointe qu'il est anormal de hurler ! Au collège, les violences sont pires. Nathan ne s'exprime pas beaucoup, mais Marie a appris à avoir une lecture corporelle de son fils pour décrypter ses émotions.

En 4e, elle remarque que les mardis sont des journées compliquées. Elle questionne les profs, mais on lui assure que tout va bien. C'est un mardi, quelques semaines seulement après la rentrée, qu'il fait une tentative de suicide : il prend un couteau et le retourne contre lui. Sa mère trouve les mots pour éviter de justesse le drame, mais l'appel au secours est violent. Rémi, lui, est une copie conforme de sa mère : même diagnostic, mêmes difficultés, mêmes maltraitances… Tout petit, on lui découvre quelques troubles dys, un TDAH et un HP. Le TSA sera mis en évidence un peu plus tard. Le fait d'être HP lui offre la possibilité d'être suivi par un grand spécialiste de renom et d'accéder à une classe de 6e adaptée à ce profil avec troubles associés. Mais les traumatismes passés sont encore trop présents et il craque à quelques semaines de la rentrée, presque en même temps que son grand frère. Marie se retrouve avec deux enfants atypiques, à troubles multiples, en phobie scolaire. Le médecin de famille prescrit des arrêts en attendant un rendez-vous avec le spécialiste.

Les deux poursuivent donc leur scolarité par correspondance et un suivi à l'hôpital se met en place une semaine par mois. La pression retombe avec la diminution des contraintes et de l'éloignement de la source de harcèlement, même si celui-ci se poursuit en dehors de l'enceinte des établissements scolaires. La paix ne sera que de courte durée. Pour un léger comportement de jeu inadapté aux yeux d'une assistante sociale, la famille est sous les projecteurs des services sociaux avec une Information préoccupante. Une enquête est diligentée et Marie doit encore et toujours se justifier sur le fait qu'elle est une bonne mère, montre les bilans, les arrêts, les certificats, les notes, les suivis mis en place, etc. L'assistante sociale dit comprendre, mais ne fait pas confiance et propose un suivi éducatif. C'est facultatif, bien sûr, mais Marie comprend bien à demi-mots qu'il est préférable de ne pas refuser. Une sorte de facultatif obligatoire ! À la fin de ce suivi, l'éducatrice en charge des garçons, qui ne comprend pas bien ces profils, lance la seconde Information préoccupante, avec une demande de suivis supplémentaires, faisant fi des recommandations du spécialiste. Il y a menace de tribunal et de placement des enfants ! Marie fait refaire tous les bilans pour répondre à toujours plus de justification et, sans surprise, « ils sont toujours Autistes ! ».

La procédure est actuellement toujours en cours. Nathan est aujourd'hui majeur, mais pour Rémi, la menace est toujours réelle. Pourtant, depuis la disparition de l'éducatrice dans leur quotidien, les garçons vont bien. La pression redescend et les deux sont pleins de projets, avancent à leur rythme. Marie, elle, profite de cette parenthèse pour aller de l'avant et s'armer de savoirs pour aider ses enfants et tous ceux avec un profil atypique. Elle ne sait pas de combien de temps sera l'accalmie. Elle déplore le retard sur l'Autisme en France, sur l'absence de solutions adaptées, de formations des enseignants, de sensibilisation du personnel encadrant. Cela engendre une incompréhension entre les parents, la réalité de ces enfants et les institutions, qu'elles soient scolaires ou qu'elles gravitent autour. Les familles sont diabolisées : ce sont d'abord de mauvais parents ! Alors, lorsque l'un des deux est aussi différent… ! Il n'y a aucune confiance, qu'elle soit envers les enfants ou les parents ! Elle espère une école bienveillante et la disparition de cet acharnement. Un enfant meurt tous les 5 jours, tué par sa famille… C'est là que l'énergie des services sociaux doit être concentrée. « Tout va bien, on avance à notre rythme. Qu'on nous laisse tranquilles ! »

Ce soir, je me sens triste et en colère : quel gâchis, quelle souffrance… Tout ça parce que les professionnels à qui nous confions nos enfants ne connaissent pas leur public. Bravo et merci, Marie, pour ton combat, ton engagement et ton courage…

Ce ne sont QUE des enfants !

Témoignage

D'une jeune femme, assistante maternelle. Propos recueillis et retranscrits par la directrice de collection, Nathalie Sambat. Notre témoin préfère garder l'anonymat… Des pressions professionnelles possibles ?

Ce ne sont QUE des enfants !

Sophie me répond de sa chambre qu'elle quitte difficilement depuis quelques semaines. Elle est en arrêt pour burn-out. Elle se remet doucement, mais ne parvient pas à se défaire de la colère qui la ronge : colère contre ce système scolaire qui a abîmé son fils et colère contre elle-même qui s'en veut de ne pas avoir réagi avant sur ce qui se jouait.

La goutte d'eau qui a fait déborder le vase, c'est la dépression profonde dans laquelle Mathieu, bientôt 15 ans, sombre un peu plus chaque jour. Il faut dire que ce vase est bien rempli d'injustices et de maltraitances depuis ses premiers pas à l'école.

En petite section, Mathieu fait partie de ces enfants qui pleurent et qui s'accrochent à leurs parents pour ne pas aller à l'école. Il se débat pour ne pas sortir de la voiture, supplie… Normal, il n'a que 3 ans. Le temps n'y fait rien, chaque jour est un drame pour lui et un déchirement pour ses parents.

En moyenne section, ce comportement énerve l'institutrice peu compréhensive qui ne propose en solution que des remarques agacées : « Ça suffit les crises ! Tu es trop grand pour pleurer ! » Emportée par sa colère, elle va jusqu'à déchirer un dessin qu'il vient de faire. En réponse à son intervention, suite à cet évènement, Sophie n'obtient que du mépris.

La grande section se passe un peu mieux, la maîtresse est bienveillante et Mathieu sait déjà lire. Mais l'ancienne institutrice l'a pris en grippe et n'est jamais très loin pour colporter tout le bien qu'elle pense de ce petit bonhomme. Il est vrai qu'il a un contact compliqué avec les autres enfants, il ne sait pas jouer, s'isole… L'étiquette « pleurnicheur » lui est attribuée et on le catalogue chahuteur, colérique.

En primaire, il se retrouve dans une petite classe où il ne connaît personne. Un groupe de 5 garçons est constitué depuis la maternelle et ce petit nouveau est immédiatement pris en grippe. Il reçoit des coups de pied, se prend des coups dans des coins pendant les récréations... Le début d'une longue série... On le pousse, on vire sa chaise, on déplace son bureau, on le traite de gros, de nul au foot, etc.

La maîtresse de CE1 remarque cette maltraitance, mais la relativise : « Il fait un peu tout pour ! » Les parents sont un peu perdus. On ne cesse de leur dire depuis le début de sa scolarité qu'il se plaint tout le temps pour un rien... Ils l'encouragent à se défendre, interviennent timidement auprès des jeunes, mais restent habités par ce doute.

L'année suivante, Mathieu a des idées noires, parle d'envies de mourir. À l'école, c'est toujours le même discours : « Il ne faut pas s'attarder là-dessus, ce ne sont QUE des enfants ! » Une psychologue le diagnostique hypersensible et alerte sur le fait qu'il risque de craquer. Le suivi mis en place fait du bien à leur fils, mais l'établissement refuse toujours d'admettre la réalité.

Ainsi, en CM1, Mathieu commence à répondre, à se défendre. Quand on l'embête, il crie « STOOOOP ! » Mais encore une fois, l'enseignante ne comprend pas la bonne version : il réagit trop fort et c'est lui qui est chiant, pas les autres. Elle rapporte même aux parents qu'il est certainement frustré, et que c'est pour cela que les autres ne veulent pas de lui. L'hypnothérapeute qui travaille sur ses angoisses, ses traumatismes et la confiance en lui soulève qu'il est sûrement Haut Potentiel. Des bilans sont demandés à la psychologue scolaire, mais les retours sont toujours du même acabit : « À 9 ans, il faudrait que tu lâches un peu les jupons de ta mère ! », « Tu es trop fusionnel avec ta mère, il faut couper le cordon »... Le compte rendu oral des tests met en avant un bon niveau et qu'il fera sûrement de longues études. Mais aucune solution, aucun suivi n'est proposé et aucune transmission n'est faite aux enseignants. En attendant, Mathieu continue d'être maltraité par ses camarades de classe et sa maîtresse le traite de parano. Celle-ci ne comprend que trop tardivement la nature du problème, le mal est déjà fait…

Au collège, il retrouve ses harceleurs dans le car tous les matins. Le stress lui a fait se développer un herpès qui ne leur échappe pas : « Tu as la lèpre ! », « La brosse à dents, ce n'est pas pour se laver le cul puis les dents ! », etc. Sophie intervient auprès des enfants et de la CPE qui promet de régler ça. Mais l'accalmie est de courte durée… Il devient « Rémi sans amis », « l'extraterrestre », car il ne supporte pas le bruit et demande le silence en cours. Les profs lui apportent un soutien dérisoire : « Il faut que ça te passe au-dessus, que tu fasses abstraction ! »

L'absentéisme de Mathieu est de plus en plus grand, il somatise de plus en plus, et après l'herpès, il développe une toux nerveuse. Les petites phrases assassines continuent de la part des enseignants : « Pour Noël, chaque élève achète un petit cadeau pour un camarade. Tu vas participer, Mathieu ? Parce que tu n'es jamais là ! », « Comment se fait-il que tu aies de bonnes notes alors que tu es toujours absent ? ». Une élève explique à Sophie que les professeurs font des remarques en permanence devant toute la classe et que c'est pour cela qu'eux font la même chose… Mathieu ne confie pas grand-chose à ses parents et c'est en interrogeant d'autres élèves qu'ils apprennent qu'il passe toutes ses récréations caché dans les toilettes.

C'est de là que viendra l'humiliation de trop : la rumeur que c'est parce qu'il se masturbe se répand, grossit, car il le ferait même en classe. Et après les crises de larmes, c'est le blocage total. Il ne veut plus, ne peut plus retourner en cours. La CPE se contente d'un ironique « Tu n'as pas de chance ! Ça tombe encore sur toi ! » et tente de rassurer les parents : « Ce sont des enfants ! On ne peut pas être derrière eux tout le temps... Et puis il sourit, des fois ! »

Sophie subit également une pression de sa famille qui ne comprend pas que Mathieu n'aille plus en cours : « Ce n'est pas lui qui commande, tout de même ! », « C'est quoi cette crise ? ». Il faut comprendre que Sophie a également connu l'humiliation à l'école avec une maîtresse de CM1, car elle était trop lente. La « gauchère » a vite appris à se faire discrète pour éviter son venin. Et cette notion de ne pas faire de vagues pour ne pas se faire remarquer restera gravée tout au long de sa vie. Hypersensible aussi, elle va à l'âge de 16 ans jusqu'aux scarifications pour exorciser son mal-être : « Se faire mal au corps, ça permet d'oublier à quel point on est mal dans sa peau. » Alors forcément, dans ce contexte de harcèlement qui touche son fils, elle redevient cette petite fille qui veut se faire oublier...

Son mari ne mesure pas bien le mal-être de son fils. Le fait d'aller à l'école est une chose trop importante à ses yeux et la pression familiale ne l'aide pas à prendre du recul sur la situation. En accord avec la CPE, il conduit Mathieu tous les matins à l'école et elle vient l'attendre à la grille pour le conduire en classe. Devant le papa, la CPE est toute gentille, mais dès les portes franchies, elle se transforme en monstre : « Ça suffit les crises ! Si tu continues, on appelle les pompiers et tu vas à l'hôpital ! On va t'enfermer, tu vas voir ! »

Ce qui sauve Mathieu, c'est l'accident de son père qui, avec une blessure au talon d'Achille, ne peut plus le conduire à l'école. Ne pouvant plus aller à l'école, il se confie à ses parents par petits bouts. Ils découvrent l'ampleur du cauchemar vécu par leur fils.

Un rendez-vous est pris avec le chef d'établissement et Mathieu a consigné à l'écrit, sa seule façon de pouvoir s'exprimer sur ce sujet trop douloureux, tout ce qu'il a vécu. Il n'y a aucune réaction à la lecture de cette lettre, puis le proviseur réagit de nature suspicieuse : « Ce n'est absolument pas ce que rapporte la CPE. Il n'est pas toujours très tendre avec les autres. Il a sa part de responsabilité. » Mathieu est tétanisé et relève ses jambes sur sa chaise, se met en position fœtus. Le proviseur continue à défendre ses ouailles : « Cette enseignante est une personne très bien, très compétente ! C'est lui qui a un problème ! », « Ce n'est pas du harcèlement, il doit travailler sur lui ! ». C'en est trop pour Mathieu qui hurle sa colère : « Vous ne me croyez pas ? Vous ne prenez pas en compte ma souffrance ? » La réponse est immédiate : « Tu ne me parles pas sur ce ton et tu ne me manques pas de respect ! Vous voyez ? » Sophie n'a qu'une idée en tête : sortir son fils au plus vite de là. Elle écourte l'entretien et convient avec le chef d'établissement d'une pause jusqu'à ce qu'il aille mieux.

Depuis ce jour, Mathieu n'a récupéré aucun cours malgré les relances faites auprès de l'établissement. « Les profs n'ont pas le temps, on fête les 50 ans du collège ! » C'est sa maman qui le fait travailler quand il peut, c'est-à-dire pas souvent.

Une autre psy a été consultée et ne relève pas de harcèlement, mais juste des difficultés à s'adapter socialement. Le traumatisme est trop grand pour qu'il adhère aux séances d'hypnose et d'EMDR proposées par ailleurs. Il n'a plus confiance en personne et, grâce à la CPE, a peur de l'hôpital…

C'est par l'association Phobie Scolaire et des échanges avec d'autres parents de leur secteur que des adresses de bons professionnels sont trouvées. Le vrai bilan est enfin posé : Mathieu est haut potentiel avec un QI de 142 et a un Trouble du Spectre Autistique de type Asperger.

Pour le moment, sa vie est en suspens : aucun soin, aucun cours. Il a besoin de temps pour pouvoir refaire confiance à l'humain. Il reprend des forces tout doucement avec de la méditation animale, l'adoption d'un chien, et lutte chaque jour contre la dépression. Il en veut à son père qui l'a emmené au collège et il y a quelque chose de brisé entre eux.

Sophie, elle, a craqué. Ce qui larvait chez elle depuis son CM1 l'a empêchée de protéger correctement son fils et elle s'en veut terriblement.

Elle oublie qu'ils sont tous les trois victimes, pas coupables ! Victimes des incompétences des soi-disant professionnels de l'enfance et de la santé. Victimes d'un système où la bienveillance a laissé place à la suspicion et au jugement. Victimes d'injustices et de mauvaise foi caractérisées par des gens faisant référence et ayant autorité. Victimes des croyances qui placent l'école au-dessus des individus...

Une telle colère l'habite ! Elle en veut à ces maîtresses, ces proviseurs, ces CPE qui vivent de leurs petits acquis et ne cherchent pas à évoluer vers l'écoute, l'empathie, la bienveillance. Elle trouve aberrant qu'il faille attendre que l'enfant soit détruit pour faire des diagnostics alors que des signes annonciateurs n'auraient pas dû échapper à des professionnels de l'enfance.

Merci, Sophie, pour ton courage pour ce témoignage poignant. Ne doute jamais sur la belle personne que tu es. J'envoie plein d'amour à Mathieu, à ses frères et sœurs, et à vous deux...

Préface 7

L'éducation : bourreau de la créativité 11
   Par Thomas Andrieu, *lycéen, auteur* 11

L'École ouverte 23
   Par Franck Antunes, *écrivain* 23

Marcel s'envole 31
   Par Erell Buhez, *enseignante* 31

L'enfant rond qui n'entrait pas dans leur carré 57
   Par Laetitia Cavagni, *auteure* 57

L'Éducation nationale, c'est quoi ? 73
   Par Inola Dedieu, *lycéenne* 73

La convocation 83
   Par El Herrero, *écrivain* 83

Éducation nationale et petites cases 89
   Par Laure Enza, *auteure* 89

Bouses de mammouth 105
   Par Yoann Laurent-Rouault, *directeur littéraire de la maison JDH, écrivain, illustrateur* 105

Derrière le portail de l'école ! 111
   Par Angélique Rolland, *romancière* 111

La bise au mammouth ! 119
   Par Nathalie Sambat, *auteure et directrice de collection* 119

Quand on ne connaît pas son public… 129
   Témoignage anonyme 129

Ce ne sont QUE des enfants ! 135
   Témoignage anonyme 135

À découvrir dans la collection Les Collectifs de JDH Éditions

L'Édredon

La revue littéraire de JDH Éditions

Venez découvrir les textes de la revue

**Textes et articles dans un rubriquage varié
(chroniques, billets d'humeur, cinéma, poésie...)**

Suivez **JDH Éditions** sur les réseaux sociaux
pour en savoir plus sur les auteurs,
les nouveautés, les projets…

Inscrivez-vous à notre Newsletter sur
www.jdheditions.fr
Pour recevoir l'actualité de nos nouvelles
parutions